PHILOSOPHY

人民日报学术文库

国有林场森林资源管理
机制研究

陈建成 等｜著

人民日报出版社
北京

图书在版编目（CIP）数据

国有林场森林资源管理机制研究／陈建成等著. —
北京：人民日报出版社，2020. 11
ISBN 978－7－5115－6743－7

Ⅰ.①国… Ⅱ.①陈… Ⅲ.①国营林场—森林资源管
理—研究—中国 Ⅳ.①F326. 2②S78

中国版本图书馆 CIP 数据核字（2020）第 234711 号

书　　名：国有林场森林资源管理机制研究
　　　　　GUOYOU LINCHANG SENLIN ZIYUAN GUANLI JIZHI YANJIU
著　　者：陈建成 等

出 版 人：刘华新
责任编辑：万方正
封面设计：中联华文

出版发行：人民日报出版社

社　　址：北京金台西路 2 号
邮政编码：100733
发行热线：（010）65369509　65369846　65363528　65369512
邮购热线：（010）65369530　65363527
编辑热线：（010）65369533
网　　址：www. peopledailypress. com
经　　销：新华书店
印　　刷：三河市华东印刷有限公司
法律顾问：北京科宇律师事务所　　（010）83622312

开　　本：710mm×1000mm　1/16
字　　数：201 千字
印　　张：15
版次印次：2021 年 4 月第 1 版　　2021 年 4 月第 1 次印刷

书　　号：ISBN 978－7－5115－6743－7
定　　价：95.00 元

前　言

　　本书以建立市场化导向的国有林场森林资源管理机制为目标，以构建国有林场森林资源管理中的购买服务机制和有偿使用机制为根本，以森林资源监管机制为手段，以人员管理机制为基点，以支撑保障机制为依托，提出了国有林场森林资源管理机制的设计框架和基本流程，对推进国有林场改革具有重要的理论价值和实践意义。

　　本书将森林资源管理机制构建作为引入市场机制的突破口，既是对国有林场多年改革探索的总结，也是国有林场实现经营目标和提高管理效能的根本所在。本书从"买进来""卖出去""管得住""站起来""扶一程"的角度分别对国有林场森林资源管理的各个环节进行研究，提出了国有林场森林资源管理机制的设计框架和基本流程，为国有林场改革的政策设计和实施提供了详尽的"路线图"。本书的研究成果对提高国有林场管理水平，提升国有林场森林资源管理效率，更好地促进和发挥国有林场在我国生态建设中的积极作用，具有重要的理论和实践价值。

　　本书具体分工如下：陈建成提出本书的选题和研究框架，马宁负责本书的统稿工作，樊坤撰写国有林场购买服务机制部分，马宁撰写国有林场森林资源有偿使用机制部分，张绍文撰写国有林场森林资源监管机制部分，温继文撰写国有林场人员管理机制部分，尤薇佳和张名扬撰写国内外案例部分。此外，北京林业大学研究生李达、亓越、翟亚飞、仲凯、张昊、李琦、李心宁、杨思琦等也参与了本书部分撰写和文献整理工作，北京林业大学陈文汇、谢屹等对本书提出了很多有益建议，本书撰写过程中还参考了大量学者的研究成果，在此一并表示衷心感谢！

目 录
CONTENTS

一、引　言

（一）研究背景

在我国进入生态文明建设新时代、推进乡村振兴战略、实现绿色发展、决胜全面建成小康社会的重要时刻，如何使中国林业发展与时俱进，使森林资源管理更加有效，已成为我们急需研究的课题。国有林场作为我国林业资源的重要组成部分，在为我国"五位一体"总体布局做出重要贡献的同时，其现状与新时代的要求和中国林业高效发展的需要仍有明显差距，也需要进行深入探讨。

党的十八大以来，党和国家将生态文明建设提高到了前所未有的战略高度，习近平总书记有关建设生态文明、维护生态安全的重要讲话、论述多达几十次。习近平总书记多次指出，我国仍然是一个缺林少绿的国家，人民群众期待山更绿、水更清、环境更宜居，造林绿化、改善生态任重而道远。习近平总书记提出的"两山"理论中指出"我们既要绿水青山，也要金山银山。宁要绿水青山，不要金山银山，而且绿水青山就是金山银山"。① 当前，国有林场拥有着丰富的"绿水青山"资源，然而将"绿水青山"变为"金山银山"的步伐却艰难而缓慢。艰难在于转变思想观念难，部分国有林场靠国家给饭吃的日子过得久了就形成了思维定式，不想也不愿冒风险尝试自我蜕变；缓慢在于需要配套体制机制，国有林场"由饭来张口"到"自力更生"，需要政府给予政策扶持并配套相应体制机制，如此才能保障国有林场敢迈步子、能迈步子、愿迈步子。

2015 年，中共中央、国务院印发了《国有林场改革方案》，这是在我国生态文明建设新的历史时期党中央国务院出台的纲领性文件，标志着国有林场改革上升为国家重大战略。该方案提出要推进国有林场事企分开，国有林场从事的经营活动要实行市场化运作，完善以购买服务为主的公益林管护机制，健全职工转移就业机制和社会保障体制等。

本书主要针对国有林场森林资源管理机制进行研究。所谓管理机制是指管理系统的结构及其运行机理，这是决定管理功效的核心问题。当前，我国国有林场正处于体制改革关键时期，研究国有林场森林资源管理机制对于提高国有林场管理功效具有重要意义，对于我国林业改革中所遇到的诸如事企改革、市场运作、产权制度等许多现实问题也具有重要的参考和借鉴价值。本书主要从国有林场购买服务机制、森林资源有偿使用机制、森林资源监管机制、国有林场人员管理机制等方面进行研究，旨在加快推进国有林场改革，促进国有林场可持续发展。

当前，全国各地国有林场在实践中不断探索，在国有林场森林资源管理实践中积累了丰富经验。首先，尝试在公益林管护中引入市场化机制，如黑龙江省的"管护承包责任制"、山西省的"精细化管理，资产

---

① 见习近平总书记 2013 年 9 月 7 日在哈萨克斯坦纳扎尔巴耶夫大学的演讲。

化管护"、湖北省的"专业队管护和分级管护"、福建省的"落实到户，联产管护；责任承包，专业管护；相对集中，委托管护；统一管理，专职管护"和广西壮族自治区的"管护责任层层分解，落实到人"等等。其次，探索森林资源有偿使用机制，如山西省发展家庭林场、组建农林专业合作社；浙江省种植香榧和山核桃，开展林下套种中草药，并依托资源发展生态养殖，办起了养猪场和獭兔生产基地；重庆市积极发展森林旅游等特色产业，与企业合作促进森林旅游提档升级等。再次，强化森林资源监管机制，如黑龙江省森林资源监管分局实现森林资源监督和管理分开运行；河北省在隆化、丰宁两县分别设立国有林场管理局，明确了以市级为主，市、县共管的管理体制等。此外，我们在国有林场人员管理方面也进行了诸多有益探索，如通过向森林资源管护、森林抚育、林下经济、非木产业转岗分流和劳务输出等方式，促进富余职工转岗分流；通过定向培养的方式加强人才建设，依托林业类院校优势资源，提高队伍素质等。限于篇幅，以上实践经验详细材料收录于本书附件中的"国内国有林场森林资源管理现状"部分，以供读者参考。

（二）研究意义

为加快推进国有林场改革，健全国有林场管理体制机制，根据中央《国有林场改革方案》精神，研究并建立国有林场森林资源管理机制具有如下重要意义：

一是可以在一定程度上弥补我国国有林场经营管理理论欠缺的状况，提高国有林场管理水平，有利于提高国有林场森林资源的经营管理效率，从而充分发挥国有林场在我国生态建设、和谐社会建设、经济建设中的重要作用。

　　二是有助于国家对国有林场出台切实可行的改革政策，促进国有林场改革的顺利进行，对政府政策的制定具有重要的理论指导意义。特别是在促使国有林场尽快摆脱贫困、职工生活得到改善方面有着重要的实际价值。

　　三是有利于实现国有林场森林资源的优化配置，增强国有林场的市场竞争力，使国有林场真正走向健康可持续的发展之路，加速推动我国生态建设的进程。同时，能在理顺国有林场体制和机制的情况下，促进森林资源的增长，调动经营管理者培育森林资源的积极性，促进国有林场的可持续发展，适应民生需求，保护生态环境。

（三）研究思路

　　《国有林场改革方案》指出，"推进国有林场事企分开。国有林场从事的经营活动要实行市场化运作"。国有林场改革是"绿水青山就是金山银山"重大命题的实践检验。当前，国有林场在发展和改革中出现了新的难题，主要表现为林场的生态补偿资金投入不足、公益一类范围有待扩大、林场基础设施相对落后、购买服务机制尚不健全、有偿使用机制尚未形成、市场监督机制有待完善、人力资源结构有待优化等。因此，为破解国有林场在发展中出现的难题，我们有必要探索并建立科学、适宜的国有林场森林资源管理机制，保障改革顺利平稳推进。

　　本研究借鉴国外国有林场管理经验（参见附件"国外国有林场森林资源管理现状"），结合我国国有林场改革实践（参见附件"国内国有林场森林资源管理现状"），主要从以下五个方面探讨建立国有林场森林资源管理机制。

　　一是国有林场的购买服务机制。基于交易成本理论、公共选择理论提出的政府购买服务，从本质上讲，就是政府将应由自身承担的社会公共服务事项交给具有相应资质的社会组织或企事业单位来完成，由政府在社会公共服务预算中拿出经费，采取市场化、契约化方式，通过直接拨款资助或公开招标购买的方式，向社会组织和企事业单位购买社会公共服务。在国有林场购买社会公共服务中，政府购买着重体现为公益林管护机制的构建和面向社会购买服务机制的探索。因此，本研究将从"买什么""怎么买"等方面建构国有林场的购买服务机制——"买进来"机制。

二是国有林场森林资源的有偿使用机制。森林资源具有经济价值和生态价值，在国有林场改革中，我们需要因地制宜地开发林场的经济价值，并利用市场机制体现森林资源的生态价值。建立国有林场森林资源的有偿使用制度，有助于国有林场在迈向市场改制的过程中，分类管理森林资源，准确认知资源价值，科学规划林地资源，实现国有资产保值增值。因此，本研究将从"使用范围""使用主体"等方面建构国有林场资源的有偿使用机制——"卖出去"机制。

三是国有林场的森林资源监管机制。《林业发展"十三五"规划》提出，要加强林业行政执法队伍建设，严格执法主体资格管理，落实行政执法责任制，稳步推进林业综合行政执法改革，调整执法职能，整合执法资源，建立健全林业行政执法监督机制。同时，要加强森林资源监督机构队伍和能力建设，在有条件的省（自治区、直辖市）逐级派驻森林资源监督机构，以保证国有林场森林资源不被破坏、国有资产不流失。因此，本研究将从"怎么管""管什么"等方面完善国有林场森林资源监管机制——"管得住"机制。

四是国有林场人员管理机制。完善国有林场人员管理机制是推进国有林场改革的关键，只有充分调动广大国有林场职工的积极性和创造性，切实维护林场职工合法权益，维护国有林场的社会稳定，才能确保国有林场后续改革顺利推进。因此，本研究将主要从绩效激励机制、权利保障机制、身份转换机制和经济补偿机制等四个方面展开论述，重点解决国有林场人员管理问题，为国有林场健康发展提供人员组织保障，积极探索与国有林场改革相匹配的人员管理机制——"站起来"机制。

五是国有林场经济体制改革中的支撑保障机制。国有林场森林经济体制改革不仅需要国有林场自身发力，积极探索市场化条件下的可能交易机制，而且还需要各级政府和部门对购买服务机制和有偿使用机制的实施提供强有力的支撑保障，从而保障国有林场最终走上自我发展、自我创新的道路。其主要措施包括：一是细化森林资源管理；二是强化基础设施建设；三是提高公益林补偿标准；四是加快林场分类改制；五是加大金融支持力度等。因此，本研究将从以上几个方面探索国有林场经济体制改革中的支撑保障机制——"扶一程"机制。

综上所述，本书的研究思路是，首先，明确本研究的背景、意义和基本原则，通过实地调研和查阅文献，分析国有林场在发展过程中的现实问题，从"买进来"和"卖出去"的角度分别对国有林场购买服务机制和有偿使用机制进行研究。其次，通过完善国有林场森林资源监管机制，确保国有林场森林资源"管得住"，继而在此基础上探索国有林场人员管理机制，促使国有林场"站起来"。最后，提出为机制有效运行保驾护航的保障机制，为推进国有林场森林资源管理机制"扶一程"。

国有林场森林资源管理机制如图 1 - 1 所示。

前言 —— 背景、意义、思路、设计原则和理论基础

林场发展现存问题
- 生态补偿资金投入不足
- 公益一类范围有待扩大
- 林场基础设施相对落后
- 购买服务机制尚不完善
- 有偿使用机制尚未形成
- 资源监管体系 有待完善
- 人力资源结构有待优化

买进来 —— 购买服务机制
- 人工造林购买服务
- 森林抚育购买服务
- 公益林管护购买服务

卖出去 —— 有偿使用机制
- 界定有偿使用范围
- 明确有偿使用 主体
- 确定有偿使用方式
- 规范有偿使用 交易程序
- 有偿使用 机制实施途径

管得住 —— 森林资源监管机制
- 森林资源监管体系
- 购买服务监管机制
- 有偿使用监管机制

站起来 —— 人员管理机制
- 绩效激励机制
- 权利保障机制
- 身份转换机制
- 经济补偿机制

扶一程 —— 支撑保障机制
- 细化森林资源管理
- 强化基础设施建设
- 提高生态补偿标准
- 加快林场分类改制
- 加大金融支持力度

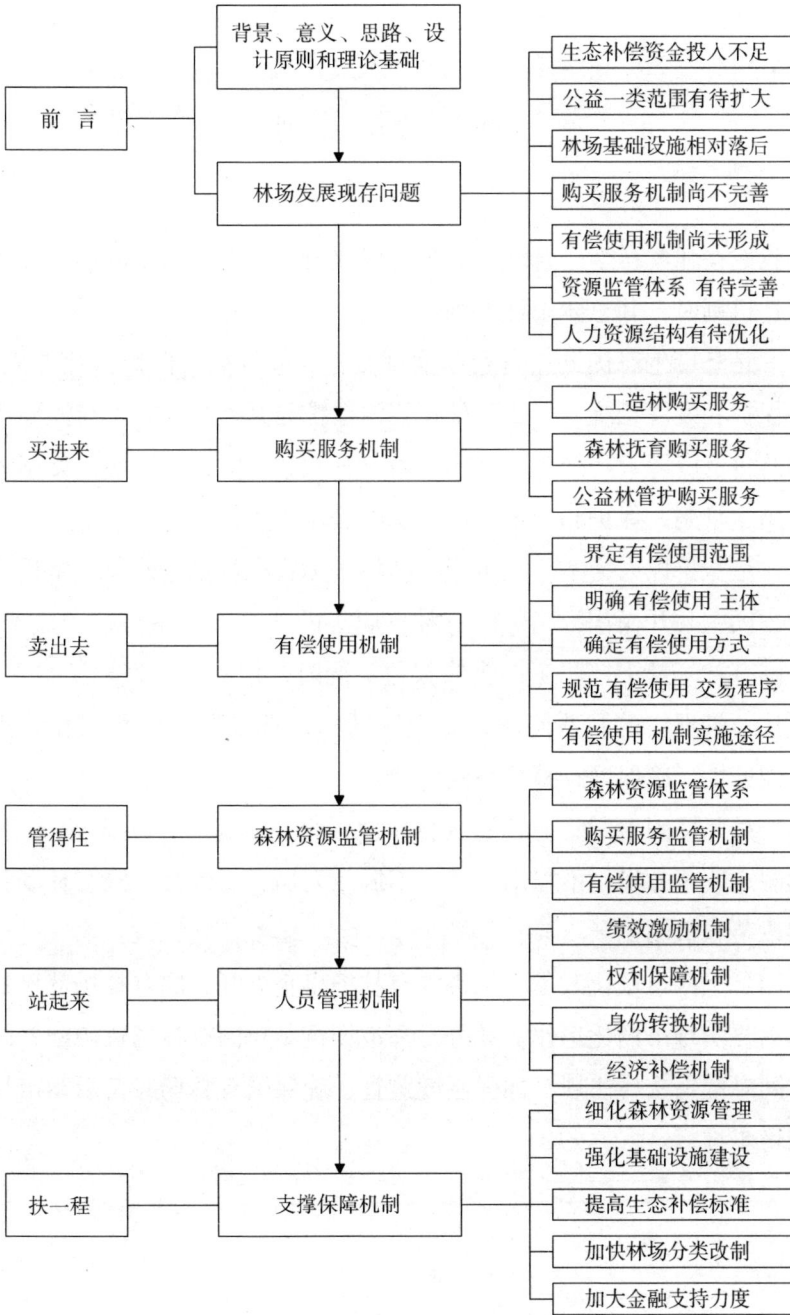

图1 国有林场森林资源管理机制框架

7

（四）设计原则

我们在建立科学、合理、完善的以政府购买服务为主的国有森林资源管护机制时，其总体设计原则如下：

一是坚持生态优先。树立尊重自然、顺应自然、保护自然的理念，坚持保护和发展相统一，正确处理资源保护与开发的关系，对需要严格保护的自然资源，严禁开发利用；对可开发利用的自然资源，使用者要遵守用途管制、保护和合理利用资源的法定义务。

二是坚持以人为本。立足国有林场实际，稳步推进改革，坚持依法依规、民主公开操作，确保国有林场职工的知情权、参与权和监督权，维护国有林场及干部职工的合法权益。同时，切实解决好职工最关心、最直接、最现实的利益问题，充分调动国有林场职工的积极性、主动性、创造性，确保国有林场稳定发展。

三是坚持因地制宜。各地区林场应根据自然条件、生态建设情况，科学制定改革方案，不强求一律、不搞一刀切，高效推动国有林场管理体制改革和机制创新。

四是坚持市场化改革。推进国有林场事企分开，国有林场从事的经营活动要实行市场化运作。充分发挥市场机制对国有林场资源配置的优势，同时健全法律法规，加强制度监管，确保国有林场经营活动市场化机制稳步推行。

二、研究综述

    管理体制是指管理系统的结构和组成方式，即采用怎样的组织形式以及如何将这些组织形式结合成为一个有机系统，并以怎样的手段、方法来实现管理的任务和目的。国有林场的管理体制随着经济发展形成了几个阶段：20世纪五六十年代，以造林和资源培育为主要任务的国有林场是按全额拨款事业单位管理的；80年代，国家将国有林场逐步下放，事业费不断核减，逐步成了差额拨款事业单位；90年代，国有林场进一步转为自收自支的事业单位（庄红韬、赵爽，2015）；截至目前，部分地区已经形成了省地级政府和林管局及企业集团的"三合一"政企合一管理体制或者林管局与森工企业"二合一"管理体制（朱永杰，2010）。

    在当时的计划经济背景下，国有林场实行"事业单位、企业管理"的体制模式无可厚非，但随着发展模式的逐渐转变，林场定位也越加模糊——"不工、不农、不事、不企"。近年来，我国林业发展战略逐渐转变，国有林场的主要任务也转变为以森林资源保护为主，营造林和木材采伐等生产任务减少，导致林场富余职工大量增加。加之，国有林场和国有林区长期承担部分社会管理和办社会的职能，使得政策边缘化、职工贫困化问题十分突出，致使现在林场发展陷入了举步维艰的窘境，因此国有林场实行"政企分开"的管理体制改革、剥离办社会职能是十分有必要的，要切实解决好林业企业与国有森林资源的产权制度这一制约国有林业企业发展的核心问题。

（一）国有林场购买服务

1. 政府与社会组织关系的研究

服务购买中政府与社会组织关系的研究，经历了多元主义、法团主义、治理主义三个阶段的发展。首先，多元主义基于"竞争产生效率"的基本理念，鼓励自由开放、独立于国家运作的社会组织来相互竞争，承接原本属于政府服务的职能，而国家仅在最低程度上以裁判或主持人的身份参与政策竞逐与妥协。其理论基础主要是新公共管理理论，即采用商业管理的理论、方法和技术，引入市场竞争机制，提高公共管理水平及公共服务质量，追求"3E"（经济、效率和效益）目标的管理改革。其后，法团主义（法团主义是指国家为强势主导，吸纳利益群体作为国家系统的一部分，帮助国家管理和开展相关政策）成为新的范式为学者所关注。与多元主义相比，法团主义下政府与社会组织关系是：社会组织依服务功能做出区别，并受到单一数量的限制，有非竞争与层级顺序的特质，同时具有垄断性，其存在必须由政府承认或颁发执照，并且政府通过服务资源注入或领导选择等方式对社会组织进行干预。这种受政府控制和约束的机制，有碍社会资源的最优配置，在社会主义现代化的进程中，逐步退出了历史舞台。第三阶段是治理主义，政府不再是社会治理的唯一中心，政府与社会组织均是治理网络的联结点，彼此形成平等合作的伙伴关系。这意味着虽然政府与社会组织在公共服务供给中职责分工不同，但没有地位高低之分，两者拥有性质均等的治理权。与多元主义强调的纯粹市场交易关系以及法团主义认为的主导—依附协作关系不同，治理主义主张政府与社会组织形成平等合作的伙伴关系。该范式的理论基础是多中心治理理论。"多中心治理"理论主张下放管理社会的权利，建立包括公共部门、私人部门、非政府组织管理在内的多元治理结构，以解决市场失灵、政府失灵和非营利组织失灵的问题。

基于以上理论成果，本研究认为，政府应从规制者和公共物品唯一的提供者转变为利益调节者、激励者、合作者与监管者，邀请非政府组织、私人部门、公众一起来共同治理，推进公共服务的市场化和社会化，从而缓解公众日益增长的服务需求与政府垄断服务对这种需求回应能力不足的矛盾，以提高公共物品的供给效率，满足社会对公共服务的多元化需求。

多元主义、法团主义、治理主义都是在西方发展过程中逐渐形成的，但由于历史原因我国社会组织的发展历程与西方不同，因此我们必须在多元主义、法团主义、治理主义的理论框架中进行我国服务购买的本土化研究。刘斯斯在其《求索政府购买公益服务》一文中详细介绍了我国社会团体和民办非企的共同点和区别，这对于我们的进一步研究有极大的促进作用。

2. 国有林场购买服务现状

2015 年，中共中央、国务院印发《国有林场改革方案》和《国有林区改革指导意见》，旨在推进国有林场全面深化改革，促进国有林场科学发展。国有林场也不断完善以购买服务为主的公益林管护机制，通过合同、委托等方式面向社会购买服务。各地区各部门结合实际认真贯彻执行，国有林场改革共识得到统一（魏晓霞等，2015）。闫平（2018）在其《中国国有林场改革的进展与挑战》一文中分析指出，国有林场改革试点顺利通过验收，试点省份大胆探索实践，理顺了适应当今发展的国有林场管理体制机制，坚持了森林资源保护和培育的公益属性，深刻改变了国有林场的发展状态，为全面深化国有林场改革积累了宝贵经验。同时，国有林场改革方案通过国家审批，2018 年，北京等 23 个省（自治区、直辖市）3776 个国有林场基本完成改革任务，占全国国有林场的 77%，其中 3618 个林场定为公益性事业单位。目前，护林防火、森林资源管理和经营、森林病虫害防治、森林公园与自然保护区的管理等活动主要是采取政府投资和林场自营结合的方式，由国有林场主导实施，由国有林场或主管部门进行评估验收（苗国新等，2015）。

近年来，一些省市在转变政府购买公益服务机制上做了有益探索，全国各地都在大力推进购买服务工作。健全国有林场购买服务程序，是购买服务的重要环节和取得实效的关键所在。国有林场对购买主体、承接主体、购买内容、购买方式等方面都做出明确要求，要加强服务预算管理、规范购买服务流程和购买服务合同，完善国有林场购买服务方式（王洪敏，2017）。同时，国有林场积极探索政府购买服务，通过政府购买服务的机制招录合同制员工进行森林抚育及管护工作；结合精准扶贫以及具备条件的支农惠农政策，将扶贫资金用来实施购买公益林管护服务，帮助农民脱贫致富；林场组织造林的方式由"过程管理"变为"结果购买"（姚昌恬，2018）。采取竞价购买式造林，通过引入林农参与竞价购买，局部突破、以点带面，努力实现国有林场购买式造林整体水平提升（程新生，2016）。通过购买社会服务作为实施主体，国有林场购买服务获得优良效果，不仅培育、管护质量有保证，还解决了人员青黄不接的问题，对人员只减不增、只出不进的现状，逐步形成精简高效的国有森林管理机构，并且对国有林场富余职工，不采取强制性买断方式，不搞一次性下岗分流，确保富余人员的社会保障（吴静，2017）。但总体上，国有林场仍然存在着提供公益服务能力不强、效率低下、增幅缓慢等问题（苗国新等，2015）。

3. 国有林场购买服务存在的问题

目前，我国在国有林场购买服务方面处于初步的探索阶段，购买服务机制并不完善，许多问题亟待改善。首先，政府购买服务利益相关者的区别不明晰，国有林场与主管部门在管理和人事方面联系密切，监督工作难以起到有效的促进作用，尤其在工程评估及验收阶段由于是利益相关方，极易产生既当裁判员又当运动员的现象，导致工程评估验收只是走过场（苗国新、曾小莉，2015）。其次，政府与提供相应社会服务的社会组织的目标不一致，社会组织往往在提供公共服务的过程中逐渐发展出类科层化的组织结构与服务方式，把获取利润当作其生存的主要目的，忽视了服务资源分配的社会公平性与弱势可近性，最终使得公共利益成为服务购买中政府与社会组织互动合作的副产品（杨永伟、陆汉文，2017），而目标不一致极易导致政府预期与实际结果的差距较大。最后，经费来源单一，缺乏竞争机制，林场的造林、抚育等任务都是按年度使用专项经费，来源单一，没有引入市场经济的竞争机制，因而职工工作积极性不高，缺乏主观能动性。

以上就是我国国有林场购买服务初步探索阶段存在的问题；本研究旨在使政府完善国有林场购买服务机制，厘清利益相关者的关系，统一政府和社会组织的目标，适当引入竞争机制，充分调动市场机制的积极因素，增强国有林场的公益属性。

（二）国有林场森林资源有偿使用

1. 森林资源有偿使用的理论基础

自然资源经济评价的理论依据研究已有十分悠久的历史，前有西方经济学家提出的资源价值观，后有苏联和东欧的一些经济学家提出的自然资源货币评价。目前自然资源有偿使用领域主流的理论依据是地租理论。马克思地租理论认为：级差地租是经营较优土地的农业资本家所获得的、并最终归土地所有者占有的超额利润，其来源是产品个别生产价格与社会生产价格的差额。形成级差地租的条件有三种：土地肥沃程度的差别、土地位置的差别和在同一地块上连续投资的劳动生产率的差别。关于绝对地租，马克思认为，在资本主义土地私有制条件下，无论租种好地还是坏地，都必须缴纳地租。这种不管租种什么样的土地都必须缴纳的地租，就是绝对地租。

马克思的这些地租理论对研究林地的有偿使用有着很重要的借鉴意义。首先，在林地级差地租方面，林地肥沃程度和林地位置优劣的差异，以及连续追加投资引起劳动生产率的差异的存在，使得目前仍然存在着形成级差地租的客观物质条件。其次，在林地绝对地租方面，虽然我国已实现了林地公有制，但林地分别由国有、集体的企业、单位或个人使用，这些企业、单位或个人都是相对独立的生产者或经营者，有各自独立的经济利益。由于林地所有权和使用权分离状况的差异，绝对地租具有不同的形式，反映着不同的林地经济关系，但从本质上看都是地租，因而林地所有权在经济上借以实现的形式，必须加以妥善的管理。无论是从林地的价值构成、形成条件、形成基础，还是从价值的本质来看，马克思的地租理论作为林地有偿使用的理论依据都有很强的科学性。在我国，林地级差地租是形成不同地区、不同行业和不同单位之间林业经济发展水平差异的重要因素之一。所以，合理分配林地级差地租，正确处理国家、集体、个人的经济利益关系，调动一切积极因素有着十分重要的意义（张颖，1999）。

2. 森林地租的研究进展

在我国，合理地度量和分配林地的绝对地租和级差地租，对正确处理国家、集体和个人的经济利益关系，调动一切积极因素有着十分重要的意义（曾光荣，2012）。在森林地租方面，李皓对我国森林地租制度进行了初步探讨，提出了社会主义市场经济条件下的森林地租理论框架，并指出实行森林地租制度要强化林业产权意识，尽快实现林地有偿使用；实行森林地租制度，深化林业分类经营，推进林业费改税，建立公益林生态效益补偿基金（李皓，2003）。郑小贤探讨了生态效益补偿与森林地租的关系，主张把森林地租纳入林业税费，规范税费项目，改变征收方法，把林业税费作为生态效益补偿基金的资金来源，建立管理监督制约机制，促进林业可持续发展（郑小贤，2002）。高幸探讨了现阶段我国森林地租现状，指出了我国的森林地租还存在的一些问题以及相应建议，并指出：要进一步深化林权改革，明晰山林各项权属是建立合理规范的森林地租制度的基础；在林地产权明晰的前提下，进行充分的调查评估，制定科学合理的森林地租征收办法及其数额；地租为负值的林地不宜用于经营用材林，应列入非用材林林地资产范畴，如果用于经营用材林，则负地租为用材林生态社会效益补偿的最低限（高幸，2010）。

3. 森林资源有偿使用的研究进展

通过文献整理和分析，除了以上关于森林地租的研究之外，关于森林资源有偿使用方面的研究也相对较为集中。潘昌平研究了林地有偿使用的必要性和可行性，确立了实施有偿使用的基本原则，提出了有关措施，包括争取单位重视，加强领导；积极探索试行；主动与国土部门协调，争取支持，使国土部门了解林地管理的情况（潘昌平，1999）。彭道黎研究了林地有偿使用制度改革的意义、理论依据以及林地有偿使用地价评估方法、程序（彭道黎，1995）。有学者研究了关于有偿使用的运行形式、意义以及需要遵循的原则和要求，主张要按照法律和有关方针政策来实行森林资源有偿使用，并要坚持公平、公正、自愿的原则；要因地制宜，形式多样；要按照一定的程序进行资源有偿使用（梁星权，1996；杨跃先、薛有祝，1996）。杨枢平研究了国有林地有偿使用的理论依据和实现形式，理论依据包括土地有偿使用是由土地所有权规律决定的。在林地公有制条件下，实行林地有偿使用是一般商品经济的要求，也是由社会主义基本经济规律决定的，实现形式包括逐年向林地使用者（单位或个人）征收林地使用税以及实行国有林地使用权的有偿、有限出让及转让（杨枢平，2000）。王会滨对国有森林资源资产有偿使用的目标原则和使用方法进行了研究，目标原则包括所有权和经营权相分离的原则、等价交换的原则，使用方法包括根据立木资产的特点和客观经济规律及林业生产的特点确定合理的立木价格，以及森林资源有偿使用的管理方法（王会滨，2000）。杨得福从青海省的林业生产现状和实行森林资源有偿使用的必要性，研究了森林资源有偿使用的形式与应遵循的原则要求，包括转让林地的使用权、有偿使用林木的经营权、调整造林方式（杨得福，1997）。李国强则对有偿用原则中的等价交换原则进行了研究，以林价为补偿手段，强调了诸多基础性工作都是关系林价计算能否准确的关键性因素（李国强，1998）。郑晓英对开展森林资源有偿流转的基本方法做了研究，包括崇义模式、大余模式、安远模式（郑晓英，2001）。谢德新对有偿使用方式进行的定量研究，对两种常见的林地有偿流转过程中林地使用费对森林经营的影响进行了分析，为林地经营权所有者与森林资源资产经营提供了借鉴（谢德新，2007）。周海川对国有森林资源有偿使用的范围和主体进行了详细的界定，指出中国国有森林资源资产有偿使用存在法律制度尚未全面建立、管理措施滞后、有偿使用不规范、国有资产流失严重等问题，以及林权纠纷、流转制度缺失、流转全过程不规范、有偿使用收益分配不合理等问题（周海川，2017）。亓越等从有偿使用的流程管理、收益分配、监管机制三个方面探索设计国有林场森林资源有偿使用机制，以森林旅游/康养产业和林下经济产业为例，阐述了对国有林场森林资源有偿使用机制的具体形式的研究（亓越，2018）。

综上所述，从林地价值的本质、构成和形成条件来看，马克思的地租理论作为林地有偿使用的理论依据有着很强的科学性。在我国，合理地度量和分配林地的绝对地租和级差地租，对正确处理国家、集体和个人的经济利益关系，调动一切积极因素有十分重要的意义。2013 年 11 月 9 日，党的十八届三中全会《中共中央关于全面深化改革若干重大问题的决定》指出，要实行资源有偿使用制度以及生态补偿制度。2015 年 9 月，中共中央、国务院印发的《生态文明体制改革总体方案》指出，自然资源资产产权制度、资源有偿使用属于生态文明制度体系的内容，到 2020 年，全面建立覆盖全民所有自然资源资产的有偿出让制度，完善土地、矿产资源、海域海岛有偿使用制度，严禁无偿或低价出让。2016 年 12 月，国务院发布的《关于全民所有自然资源资产有偿使用制度改革的指导意见》，提出建立国有森林资源有偿使用制度，积极发展森林旅游。《中华人民共和国国民经济和社会发展第十三个五年规划纲要》也指出要加快构建自然资源资产产权制度，创新有偿使用机制。

本研究将以地租理论为基础，界定森林资源有偿使用范围、明确有偿使用主体、确定有偿使用方式，并提出建立规范化交易程序和设计有效实施途径的建议。

（三）国有林场森林资源监管

1. 森林资源监管的理论基础

委托代理理论（The principle – agent theory）起初是作为企业理论的分支伴随着企业的发展而逐渐形成的。委托代理理论中三个最一般的模型，即"状态空间模型化方法"（state – space formulation）"分布函数的参数化方法"（parameterized distribution formulation）"一般化分布方法"（general distribution formulation），以递进的方式来表达委托人应采取何种行动使自身效用最大。这三个模型推导出的解决方案的出现，标志着委托代理理论的产生。委托代理理论认为，委托代理关系所带来的经济效益，是以代理人全心全意地为委托人服务为前提的。但由于委托代理关系中存在的天然缺陷，使得上述前提很难被满足。在实践中，主要存在激励不相容、责任不对等、信息不对称和合约不完全四大问题，我们只能通过进一步完善制度设计把委托代理风险降低到最低程度。理论上说，我们可以通过三种方法解决委托代理问题：第一种是用所有权来解决，即企业所有者让渡部分所有权给经理，使经理有适当的激励。第二种是用激励性报酬来解决，即在代理人的报酬中包含反映委托人利益的激励，比如给予高层经理股票期权奖励。第三种是用监督来解决，即委托人通过多种方式和渠道进行监督，获得关于代理人正在做什么和应该做什么的信息，从而限制代理人采取有损委托人利益的行动的范围。

由于林业在产权方面的特殊性和复杂性，实践中很难采用所有权让渡和激励性报酬的方法来解决委托代理中的固有问题，因此，必须由政府代表公众利益采用加强监督的方法来限制代理人可能采取的损害委托人利益的行为。委托代理理论是本研究加强森林资源监督管理必要性的重要理论基础，可用来回答"为什么要森林资源监督"这一基本问题。

现代产权理论和生态经济学理论，为如何积极地推进森林资源监督提供了理论基础。

一是现代产权理论。现代产权理论是新制度经济学框架之下的理论分支，以 1937 年科斯发表的《企业的性质》一文为标志。科斯认为"产权是对（物品）必然发生的不相容的使用权进行选择的权利的分配。它们不是对可能的使用施加的人为的或强制性限制，而是对这些使用进行选择时的排他性权利分配。"一般来说，产权（property rights）又称为广义上的所有权，包括对给定财产的占有、使用、收益和支配的权利，也包括出资者对企业的剩余索取权和剩余控制权（也称为狭义上的所有权），即合约规定之外的权利。科斯定理的核心在于阐明：在市场经济条件下，产权界定具有重大意义；如果假定交易费用为零，则产权界定与资源配置效率无关。但在现实世界中，正因为交易费用不为零且非常高昂，因此，产权界定对资源配置效率有重大影响。

我国的林业目前具有多种产权混合经营的特征，如国家所有权、集体所有权和私人所有权等，而森林资源监督管理是针对所有产权形式的森林资源的监督管理，因此，我们一方面要在明晰森林资源产权、保障所有人权益的前提下开展监督，另一方面，对于不同产权形式的森林资源，应界定不同的监督对象并设计不同的监督过程。

二是生态经济学理论。生态经济学是一门跨生态学、经济学、自然科学和社会科学，各学科有机结合形成的新兴的交叉边缘学科。生态经济学的目的，是根据生态学和经济学的原理，从生态规律和经济规律的结合上来研究人类经济活动与自然生态环境的关系。生态经济学具有综合性、整体性、战略性和实用性特点。生态经济学包括生态经济协调发展理论、生态经济有机整体理论、生态经济全面要求理论、生态经济生产理论、生态经济价值理论和生态经济循环理论。生态经济学以马克思政治经济学理论和生态学理论为基础，运用现代系统理论的分析方法，从结构、功能、平衡、效益、调控角度揭示生态经济系统这一客观实体的运动发展规律。

本研究在引入市场机制的同时，准确认识森林资源这一生态资源，同时考虑其生态属性和经济属性，主张必须由政府兼顾公益性和可持续发展来进行森林资源的监督管理和调节，从而充分发挥森林资源的生态效益、经济效益和社会效益。

2. 森林资源监管的研究进展

森林资源经营、监督、管理作为一门学科最早产生于德国，从1795 年提出的"森林永续利用理论"到 1811 年"木材培育理论"、1867 年"森林多功能论"、1898 年"近自然林业论"、20 世纪 70 年代"林业分工论"、1985 年"新林业理论"及 1987 年的"可持续发展理论"等，这些森林经营管理理论对国有林场森林资源监管制度建设起到了基奠作用（李烨，2015）。14 至 16 世纪，德、法等欧洲国家开始出现轮伐法，每年按照等分方式进行采伐。1978 年，瑞士科学家毕奥莱提出异龄林经营管理模式，利用连年生长量控制采伐量，对生态公益林的监管产生了重要指导意义（刘代汉，2006）。在国外国有林管理体制方面，美国、加拿大、德国、俄罗斯、日本等林业发达国家于各自的系统内部采取垂直管理体制。美国国有林实行从上至下包括联邦政府机构、大林区、林区、林业管理区、营林区的五级垂直管理；加拿大实行以省为主体的分级协调管理体制；德国实行联邦粮食农林部、农林食品部、林业管理局和林务局（林管区）四级管理制度；日本实行管理和经营分离的管理体制。在国有林管理机制方面，资金管理采用全额国家预算和市场融资及国家补助相结合的机制；生产经营大多利用市场机制进行；生态公益林的管理基本都采取政府直接管理的方式。国有林的经营模式，美国主要采取生态系统经营模式，德国采取近自然经营模式，加拿大、俄罗斯和日本采取分类管理、可持续经营模式（国家林业局场圃总站公有林管理培训团，2013；李红勋等，2010；刘佳，2014；刘俊昌等，2014）。

根据第八次全国森林资源清查结果，我国仍然属于森林资源总量较低、生态脆弱、森林质量相对较差的国家（闫平、慕晓炜，2017）。我国人均森林面积和森林覆盖率仅占世界水平的25%和70%，森林蓄积仅为89.8m³/hm²，不足世界平均水平的70%（翟洪波等，2014）。党的十八大提出的包括推进生态文明建设在内的中国特色社会主义事业"五位一体"总体战略要求建立健全自然资源资产用途管制制度。2015年，中共中央、国务院印发《国有林场改革方案》强调并提出："建立健全责任明确、分级管理的森林资源监管体制，实行最严格的国有林场林地和林木资源管理制度。"2016年，国家林业局印发的《国家林业局2016年工作要点》主张尽快制定出台《国有林场森林资源监管办法》。新形势下，国有林场森林资源监管制度改革创新成为林业可持续发展的重要战略。

我国国有林场森林资源管理伴随国有林场的发展历程经历了试办、大兴建、挫折动荡、恢复发展、改革前进五个阶段，已经构成了我国造林绿化、森林资源培育保护和质量精准提升的重要基地，是应对气候变化、保障木材安全和生态文明建设的最重要的基础设施，现国有森林面积4500万hm²、蓄积23.4亿m³，分别占全国森林面积和蓄积的23%和17%，成为我国重要的公共资源和宝贵的绿色财富。国有林场森林资源产权主体是国家所有，管理主体目前分省属、地（市）属和县属管理三种类型，资金管理方式分自收自支型、全额拨款和差额拨款型事业单位三种类型。2012 年，国家林业局做出了加强国有林场森林资源管理的决定，要求加强林地确权发证和做好国家级公益林边界确认工作，发布了森林经营方案编制与实施的规范和技术规程，出台了加强国有林场资源管理和森林质量提升、保障国有林场改革顺利实施的意见，指出要建立国家所有、省级管理、林场保护与经营的国有林场森林资源管理体制。该《意见》强调必须保持林地性质的稳定，严禁改变国有林场林地的用途；严禁超限额采伐森林和林木，确保森林资源总量持续增长；建立健全国有林场森林资源动态监测体系，做好林权证发放等强化森林资源监管的工作（刘佳，2014）。但是，有研究认为，我国国有林场森林资源总体表现出诸多问题：总量不足、增长缓慢；森林资源结构不合理、质量不高、林地生产力下降；森林资源超强度采伐、可采资源锐减、林地逆转等（谢秀杰，2010）。对此，我们建议完善我国森林资源管理体制，提出建立国家所有、分级管理的体制改革（孟庆国等，2010）；建立产权清楚、权责明确的森林资源资产管理机制，理顺和健全国有林场行政管理体制，以及调整和完善国有林场公益林保护的性质（姜清山，2012）。同时，将国有林场划分为国家重点生态功能区、禁止开发区、综合利用区三个主体功能区（刘俊昌等，2013）；将商品林经营划分为集约经营和一般经营（严明等，2004），实施"综合效益，集约化经营管理"模式改革；此外，对国有林场生态公益林实施"生态保护性的可持续经营管理"等模式探讨（李茗，2013）。

3. 我国国有林场森林资源监管现状分析

一是森林资源监管目标不断创新。国有林场森林资源经营管理在不同历史时期有不同的经营重点，从新中国成立至 1957 年，我国国有林场森林资源经营管理以营造用材林为主，适当发展经济林，开展多种经营。1958 至 1965 年，森林资源经营管理"以林为主，林副结合，综合经营和永续作业"，初步形成了保护森林资源和发展林业的经营管理模式。1966 至 1977 年，我国以开发和利用森林资源为主，集中过伐，毁林种粮，采育失调，对森林资源造成了严重破坏，使国有林场经营面积大幅缩减。1978 至 2000 年，我国国有林场森林经营管理从注重木材生产向注重生态建设转变。中共中央、国务院印发《关于保护森林发展林业若干问题的决定》，严格控制采伐量。2000 年以来，我国国有林场森林资源经营管理的特点为分类经营、生态优先、保护第一。2003 年，《中共中央、国务院关于加快林业发展的决定》要求将国有林场划分为生态公益型和商品经营型林场，强调国有林场森林资源的生态功能（李烨，2015）。

当前，在改革发展的新时期，国有林场成为维护国家生态安全最重要的基础设施，国有林场森林资源成为林业可持续发展的根本，在森林生态系统恢复和重建、生物多样性保护、维护国土生态安全、生态文明建设等方面具有重要地位和特殊价值；承担着满足人民对林产品、绿色产品等物质产品需求和对景观、文化、宜居环境等生态产品需求的重要使命；是保障经济社会健康发展的林产品需求、木材储备和供需平衡调解、维持木材安全的基础。

二是森林资源监管政策法规不断完善，我国《森林法》《森林法实施条例》从森林管理、森林保护、植树造林、森林采伐等方面对森林资源的监督管理进行了详细规定，要依法实行森林、林木和林地的登记发证制度，其所有权和使用权受法律保护，任何单位和个人不得侵犯。此外，目前执行的与国有林场森林资源管理相关的法规有《中华人民共和国森林防火条例》《中华人民共和国森林病虫害防治条例》《中华人民共和国风景名胜区条例》《中华人民共和国野生植物保护条例》《中华人民共和国自然保护区条例》《中华人民共和国退耕还林条例》等；相关规章及管理办法有《国有林场管理办法》《森林采伐更新管理办法》《森林资源监督工作管理办法》《林木种质资源管理办法》《占用征用林地审核审批管理办法》《林木和林地权属登记管理办法》《森林公园管理办法》等。

2013年，中发9号文对森林资源监督保护和管理工作空前重视，把保护和发展森林资源、改善生态环境作为对林业建设的首要目标；2015年，中发6号文提出健全责任明确、分级管理的森林资源监管体制。该文件明确要加强对国有林场森林资源保护管理情况的考核，将考核结果作为综合考核评价地方政府和有关部门主要领导政绩的重要依据，对国有林场场长实行国有林场森林资源离任审计，森林资源监督管理的严格程度史无前例。

国有林场森林资源管理也相继出台了一些规范性文件。1988年，原林业部、国家土地管理局印发《关于加强林地保护和管理的通知》，严格林地征占用管理；原林业部颁发《关于加强森林资源管理若干问题的规定》，切实加强森林资源管理，强化对森林资源消长的监督。1996年，原林业部印发《关于进一步加强森林、林木和林地权属管理工作的通知》，加强林地权属管理，防止森林资源资产外流。2004年，原国家林业局印发《关于加强国有林场林地管理的通知》；2012年，原国家林业局印发《关于加强国有林场资源管理保障国有林场改革顺利进行的意见》；2016年，原国家林业局印发《关于进一步加强森林资源监督工作的意见》，不断加强森林资源监管力度。

三是国有林场森林资源总量不断提高。截至2015年年底，为贯彻中央6号文件精神，落实《国家林业局关于国有林场森林经营方案的编制和实施工作的指导意见》，全国4855个国有林场中已有2383个完成了森林经营方案编制，约占国有林场总数的49%；正在编制森林经营方案的有1014个。2015年，全国国有林场造林总面积72.8万hm^2，其中场外造林面积14.8万hm^2；中幼林抚育面积381.6万hm^2。国有林场森林资源的经营不断完善，森林资源面积不断扩大。

目前，全国国有林场经营面积 7600 万 hm^2，其中林业用地面积占 76.32%，森林面积占 59.21%，森林蓄积量 23.4 亿 m^3，分别约占全国林业用地面积、森林面积和森林蓄积量的 19%、23% 和 17%；宜林地面积 500 万 hm^2。国有林场中幼林面积 3400 万 hm^2，占森林面积的 75.6%。全国国有林场公益林面积 4100 万 hm^2，其中国家重点公益林占林业用地面积的 47%，地方公益林面积占林业用地面积的 24%；商品林面积 700 万 hm^2，占林业用地面积的 12%。林业用地面积中公益林与商品林面积合计 4800 万 hm^2，占林业用地面积的 83%（国家林业局，2015）。总体而言，国有林场森林资源实现了总量不断提高，已成为国家森林资源的战略构成；其资源分布比较广泛，占据全国最重要的生态区位，已成为各地最重要的生态屏障。

4. 我国国有林场森林资源监管现存问题

一是森林资源管理体制不顺、经营机制不活。通过梳理新中国成立以来森林资源经营管理过程可以看出，森林资源管理长期以来规定为国家所有，但实际上是地方自管自用，以致林场产权虚置、政企不分、权责不清，国家对森林资源的培育、保护和利用难以实施有效监控；森林资源保护和管理的一些具体政策和措施落实不到位，有些地区还出现乱砍滥伐、超额采伐、毁林开垦和乱占林地等现象。同时，还存在森林资源经营管护不到位；在森林资源经营管理实践中，森林防火、有害生物防治、森林抚育跟不上，未有效发挥森林的多种效益，森林资源的总体质量不高（李烨，2015；刘俊昌等，2013）等问题。

此外，国有林场森林资源整体管理机制与其面临的建设和发展任务不符。通常，国有林场森林资源都以县为行政管理体制，林业部门对林场场长的人事任免没有话语权，只能从业务管理角度进行指导。因此，在国有林场森林资源管理中林业部门没有人事管理权，以致林场领导受林业部门和地方政府的双重领导，国有林场的管理存在产权虚置、政企不分、权责不清必然缺陷，国有林场发展长期被"边缘化"。直接后果就是森林资源管理落后、质量下降（李烨，2015；刘俊昌等，2013）。

二是森林资源经营管理总体效益不高。长期以来，国有林场森林资源的经营管理及监管模式以功能利用为主导，监管中依据国有林场森林资源的类型划分，哪类需要保护、哪类可以利用，并没有在怎么保护和利用、实现永续发展的问题上下功夫，致使森林资源保护的成效较低。从森林资源主导的功能类型而言，无论是商品型国有林场，还是生态公益型国有林场，滥砍盗伐、林地流转及被"蚕食"、风沙灾害、水土流失等人为破坏和自然灾害仍在不同程度地继续，国有林场森林资源质量依然没有得到明显改善（李烨，2015）。

回顾国有林场的建设发展历程发现，过去多数林场只考虑生存，而没有能力进行森林经营与保护，森林经营方案及国有林场如何发展也没有很好的顶层设计。国有林场为生存和解决职工基本的生活而集中过伐，导致国有林场森林资源锐减。另外，由于没有科学有效的森林经营方案，致使林分结构单一、单位面积蓄积低、森林资源存量和质量总体不高。最后，由于国有林场资源经济危困局面的持续，森林资源平均经营面积和有林地面积增长趋势不明显，生态公益林管护水平低下（刘俊昌等，2015）。因此，从国有林场的角度而言，无论是哪种类型的森林，在现代森林资源经营管理中，其本质并不是能不能开发或需不需要保护，而是如何做到最优开发或最优保护。

三是不能适应经济社会发展的新要求。当前，我国社会经济发展进入"新常态"，人民群众对良好生态环境的期待和林业承担绿色发展的历史重任前所未有，而环境承载力却已经达到或接近上限。因此，解决好国有林场职工的生存、生活和发展问题，提高劳动就业和教育水平，依然是经济新常态下国有林场改革发展的基本着力点。国有林场森林资源作为生态文明建设的重要物质基础，不仅承担着改善和治理荒漠生态系统、保护和建设森林生态系统、管理和恢复湿地生态系统、维护和发展生物多样性的重要职责，而且还能够保障经济社会发展和人民生活对林产品的需求，为人们提供环境优美的森林公园、丰富多彩的生态文化产品等。

因此，仅以主导功能利用为基础的分类经营管理模式已经不能适应新常态的要求，有必要建立针对性强的经营管理模式，加强森林经营方案的实施、督导和核查，科学经营，精准提高森林质量，使其真正成为保护和建设区域生态环境的林杆、生态公益林建设的前沿，以及生物多样性保育、水源涵养和防风固沙的阵地，成为国有林场森林资源科普、科研、休闲和生态文明建设的重要载体。同时，我们要承担起保障木材安全、优质种苗及非木质林产品等战略储备的经济功能。

（四）国有林场人员管理

1. 国有林场人员管理的理论基础

人力资源开发思想的起源可以追溯到很早的年代（萧鸣政等，2004），而按照 Swanson R A 的标准（1997），"人力资源开发"在 20 世纪四五十年代就已经成为一门独立的学科了。但对人力资源开发这一概念完整的叙述则是由那德勒教授于 1967 年完成的，目前理论界普遍认为：人力资源开发研究领域的拓展可以分为三个阶段（谢晋宇，2004）。第一阶段是初步成型期（1967 年—20 世纪 80 年代初），这一阶段的研究领域主要有：人力资源的开发角色与行为研究，组织成员培训和开发需求的评估，培训与开发项目及活动的设计和实施，对培训和开发作为一个投资过程的研究，人力资源开发方法与技术研究，人员开发研究，组织开发研究，职业生涯开发研究，培训与开发效率研究和对培训与开发效果的评估。第二阶段是扩展期（20 世纪 80 年代—90 年代中期），这一时期新增的研究领域有：增强培训和开发向实际绩效转化转移程度的研究，国际人力资源开发的研究，人力资源开发中跨文化问题的研究，人力资源开发与竞争优势关系的研究以及战略性人力资源开发。第三阶段是继续发展期（20 世纪 90 年代到现在），这一时期拓展的研究领域有：人力资源开发的虚拟化，人力资源开发对智力资本形成和储存的影响，人力资源开发的市场化和人力资源开发促使组织变革的作用等。

由上我们可以看出，国外人力资源开发已经发展成为一个相对成熟的综合性学科，其研究内容多注重微观领域并十分注重与日常经营管理实践的结合。随着人力资源开发交叉学科的发展和经营管理中实践知识的积累，人力资源开发研究无论是在深度上还是在广度上都将得到进一步的发展，因此上述人力资源开发研究领域拓展阶段的划分只是一个相对概念，随着时间的推移，各项研究将会不断深入。如 1989 年美国培训与开发协会提出的人力资源的开发角色研究的 ASTD 模型，该模型概括了人力资源开发的 11 种角色和人力资源开发人员的 4 个能力丛，模型规范了企业人力资源开发的行为，极大地推动了美国人力资源开发领域的发展；2001 年 Boyatzis 建立了自我学习模式，Boyatzis 认为自我学习过程由编织梦想、认识自我、安排学习、变革、促使人们学习这五个部分组成，Boyatzis 的模型是对 Mocker 和 Spear 自我学习模型的补充，完善了对人力资源开发方法的研究。

中国关于人力资源开发的研究比较晚，但发展速度很快，目前我国人力资源开发研究已基本覆盖所有行业和所有性质的组织。但目前国内以人力资源开发为题的大部分著作都是从宏观角度来解释的（萧鸣政，2004）。其关注的焦点集中在提高人力资本方面，对人力资本的合理配置、整体人力资本的提高和有效发挥的研究却很薄弱。因此，国内有关人力资源开发方法的研究主要集中在普通教育（或者是非成人教育）上，即使讨论成人教育，也大多数讨论学校的成人教育，对企业和组织中进行的教育培训和开发进行的研究还十分薄弱。更要指出的是：我们现在对其他人力资源开发方法的尝试性研究和人力资源开发方法的定量研究还十分匮乏。

2. 我国国有林场人员管理的现状分析

当前，国有林场正处在一个重要的变革和转折时期，经历着由以木材生产为主向以生态建设为主的历史性转变。目前国有林场的主要矛盾是人们生产、生活对森林资源的需要与森林资源供给不足之间的矛盾。人的主观能动性在解决这一矛盾方面可以发挥重要作用，因此国有林场人力资源开发，可以理顺森林资源供需的尖锐矛盾、缓解国有林场当前的困境、深化国有林场的进一步改革、促进国有林场的持续稳定发展。

再则，新农村各方面建设都需要新型农民积极参与，无论是农村基础设施建设，还是乡村环境治理、农业的产业化经营等，都离不开"有文化、懂技术、会经营的新型农民"的积极投入。显然，提高农村文化教育水平、农民的技术能力和经营意识，都需要人力资源开发。而我国国有林场大部分处在农村，因此国有林场人力资源开发是农村人力资源开发的重要组成部分。另外，据统计全国共有重点扶贫县 592 个，其中 496 个在山区，占 84%（买天，2008）。人力资源开发可以提高人力资本存量、增加人民收入，因此国有林场人力资源开发对增加山区农民的知识和技能、增强农民的创收能力、促进贫困人口脱贫致富具有重要作用。综上所述，国有林场人力资源开发对我国建设社会主义新农村是有重要作用。

我国林业发展战略的总体思路是"实施六大工程、推进五大转变、实现跨越式发展"。国有林场的森林面积和蓄积量占全国的五分之一，是我国林业事业的重要组成部分。同时，国有林场是我国林业六大工程的重要载体，是我国生态建设的中坚力量。国有林场人力资源开发可以使国有林场人力资源与国有林场发展战略相匹配，从而保证我国林业发展战略的顺利进行。

3. 我国国有林场人员管理的研究进展

我们在学习西方人力资源开发理论的过程中有一定的后发优势。很多学者借鉴西方人力资源开发理论在自己的研究领域取得了创新性进展。汪涛武等（2006）在其《提高农村人力资源开发效率的思路与对策》中指出：参与式的人力资源开发能准确有效地达到人力资源开发的目的，并节约人力资源开发的成本。萧鸣政于2004年分别从性别角度和年龄角度研究了"中国女性人力资源开发""中国老年人力资源开发"。《中国女性人力资源开发》介绍了中国女性人力资源相关理论与开发的意义，并分析了我国女性人力资源的现状及女性人力资源开发的影响因素与对策。《中国老年人力资源开发》介绍了老年人力资源的基本情况、老年人力资源开发的现状与问题、老年人力资源开发的基本原则和途径。

从林业系统来研究人力资源开发的成果较少，其中有代表性的研究有：江泽慧、盛炜彤在《中国可持续发展林业战略研究》（2003）中探讨了中国林业人力资源开发的现状和趋势，阐述了林业人力资源开发的战略思想与主要任务，从宏观层面探讨了中国林业人力资源开发的对策和措施。国家林业局的李葆珍（2005）对西部地区林业人力资源整体开发进行了研究，在其课题中，他分析了西部地区林业人力资源开发现状，对西部地区林业人力资源需求趋势从总量、素质、结构、布局及供给等方面进行了预测，提出了西部地区林业人力资源开发的对策措施。李秋明（2005）在《广东林业人力资源现状与开发开发对策研究》中分析了广东林业人力资源方面存在的主要问题，阐述了广东林业人力资源开发的保障、激励、政策机制问题。康月兰（2007）在《河北省林业人力资源现状与开发对策研究》中基于对河北省人力资源现状的分析，提出了对人力资源有效开发的对策和建议。彭福坦等（2004）在《公益型林业科技事业单位人力资源开发初探》中分析了目前公益型林业科技事业单位人力资源现状及存在的问题，并提出了具体的对策。郑逸芳（2001）在《林业企业人力资源管理问题与对策》中分析了林业企业人力资源管理存在的问题及对策。张建忠（2016）分析了赤峰市国有林场改革存在的体制不顺、保障不健全、职工生活困苦等问题，提出国有林场明确功能定位，科学定编、定岗，理顺管理体制，创新经营机制，有效化解林场债务，完善社会保障体系，妥善安置富余职工，落实公益林补偿等措施。廖家怀（2015）根据目前广西国有林场出现的发展后劲不足、富余人员难以分流、职工生活困难等问题，提出从改革管理体制、活化经营机制及完善社会保障体制三个方面进行全面、深入的改革。汪国连（2009）从分析我国国有林场人力资源的现状出发，引出国有林场人力资源开发存在的问题，并从根源剖析产生这些问题的原因，最后对比国有林场人力资源开发的现状与标准格式，提出规范我国国有林场人力资源开发的对策。

综上所述，目前林业人力资源开发有如下特征：一是研究视角多样。其视角既有国家宏观层面（李葆珍，2005），也有地区的中观层面（李秋明，2005；康月兰，2007），还有组织结构的微观层面（彭福坦等，2004；郑逸芳，2001）。二是研究深度不够。当前研究林业人力资源开发主要是从不同视角分析林业人力资源开发存在的问题以及相应的对策。但不同视角的研究结果趋同性比较明显，且对存在问题提出的对策显得简单、宽泛。三是人力资源管理和人力资源开发的概念混淆不清。

综合文献资料，目前我国林业人力资源开发主要面对的问题和挑战有：（1）林业人才总量不足、分布不均；（2）人力资源开发基础薄弱；（3）教育培训工作发展不平衡；（4）开发经费不足；（5）林业人才单向流动现象严重；（6）林业职工总体素质较低；（7）林业人才结构不合理，即专业技术人员总量不足、高层次人才严重不足、低层次劳动力大量多剩；（8）缺乏整套人力资源开发的计划和组织体系；（9）缺乏必要的激励机制；（10）对人力资源管理的地位认识不足，人力资源部门定位太低，无法统筹管理整个单位的人力资源；（11）制度建设滞后，虽已有不少先进的人力资源管理思想，但很少将这些思想转换为适合的、可操作性强的、行之有效的技术手段和途径。解决这些问题的主要对策有：（1）提高林业职工待遇；（2）做好组织职业生涯规划工作；（3）改革用人机制，任人唯贤；（4）积极探索多种形式的分配机制和激励机制；（5）增强员工的培训管理工作；（6）树立"以人为本"的人力资源开发理念，制订人力资源开发战略；（7）实施教育优先发展战略，积极探索创建学习型社会的有效途径；（8）打破传统事业单位分配制度，建立科学的价值分配体系。

　　国有林场是我国林业系统的重要组成部分，因此上述林业人力资源开发中存在的问题在国有林场中也或多或少地存在。刘代汉、郑小贤（2005）等在其《国有林场人力资本管理机制设计原则》中指出，国有林场人力资源管理存在缺乏人力资本的概念、缺乏长期激励、缺乏约束机制等问题；国有林场人力资源管理机制设计应准照责权利相结合原则、短期激励与长期激励相结合原则、外在激励与内在激励相结合原则、经营业绩评价三结合原则、内部约束和与外部约束相结合原则、经济约束和法律约束相结合原则。

三、国有林场发展现状及改革进程

（一）国有林场的现状分析

在我国 31 个省（自治区、直辖市）中，有 1600 余县建立了国有林场，这是我国丰富森林资源、优美森林景色、涵养生物多样性、提供生态功能、有效保障国家生态安全的重要基石，自新中国成立初期建立至今一直发挥着重要作用。随着世界经济结构和生态环境的不断演化，随着国内政治和经济体制改革的步伐，我国国有林场不断调整经营重点、完善法制和管理环境，推动森林资源总量的不断提高，取得了不少的成绩。

1. 森林资源运营方式不断创新

新中国成立以来，随着我国政治和经济体制改革的不断纵深发展，国有林场森林资源经营管理也不断地在调整中创新。从新中国成立至1957 年间，国有林场的森林资源管理秉承的是"营造用材林为主，适当发展经济林，开展多种经营"的管理理念。1958—1965 年，森林资源的经营管理初步形成了保护森林资源和发展林业并重的经营管理模式，实现了"以林为主，林副结合，综合经营和永续作业"。1966—1977年，森林资源管理中出现了集中过伐、毁林种粮、采育失调的问题，对森林资源造成了一定的破坏，国有林场经营面积大幅缩减。1978—2000年，我国国有林场的经营理念开始了从注重木材生产向注重生态建设的重要转变，中共中央、国务院印发的《关于保护森林发展林业若干问题的决定》中明确提出了"严格控制采伐量"的要求。2000年以来，我国国有林场在森林资源经营管理上采用了"分类经营，生态优先，保护第一"的管理理念。2003年，《中共中央、国务院关于加快林业发展的决定》要求将国有林场划分为生态公益型和商品经营型林场，进一步强调了国有林场森林资源的生态功能。当前，在生态文明体制改革和建设美丽中国成为全国人民共同努力的伟大目标的新时期，国有林场所经营和管理的森林资源成为生态文明建设实现中国可持续发展的重要基础，也将成为满足人民对绿色林产品/食品等物质产品和绿色景观/宜居环境等生态产品需求的实现者。

2. 森林资源监管政策法规不断完善

我国林业在长期的建设和实践过程中不断摸索，先后颁布了《森林法》《森林法实施条例》，在森林管理、森林保护、植树造林、森林采伐等方面对森林资源的管理环节进行了详细的界定和规定，依法实行森林、林木和林地的登记发证制度，使得各级各类社会成员对森林资源的所有权和使用权享受法律保护，任何单位和个人不得侵犯。我国还在防火、病虫害防治、风景名胜及自然保护区管理、野生动物保护等方面专门颁布了相应的法规，如《中华人民共和国森林防火条例》《中华人民共和国森林病虫害防治条例》《中华人民共和国风景名胜区条例》《中华人民共和国野生植物保护条例》《中华人民共和国自然保护区条例》《中华人民共和国退耕还林条例》等；并针对国有林场中土地管理、林木采伐、资源监管的各个环节颁布了相关规章及管理办法，如《国有林场管理办法》《森林采伐更新管理办法》《森林资源监督工作管理办法》《林木种质资源管理办法》《占用征用林地审核审批管理办法》《林木和林地权属登记管理办法》《森林公园管理办法》等。

在政策方面，林业局多次发文不断提升对森林资源监管的力度。如1988年，原林业部、国家土地管理局印发《关于加强林地保护和管理的通知》，明确要求对林地征占用进行严格管理；同时，原林业部还颁发了《关于加强森林资源管理若干问题的规定》，明确要求加强对森林资源消长的监督。1996年，原林业部印发《关于进一步加强森林、林木和林地权属管理工作的通知》，要求高度重视林地权属管理，防止森林资源资产外流。其后，原国家林业局印发《关于加强国有林场林地管理的通知》（2004年）、《关于加强国有林场资源管理保障国有林场改革顺利进行的意见》（2012年）、《关于进一步加强森林资源监督工作的意见》（2016年），不断提高森林资源监管力度。同时，中央也多次发文，为林业建设指明建设的目标和方向。如2013年，中发9号文提出要把保护和发展森林资源、改善生态环境作为对林业建设的首要目标；2015年，中发6号文提出实行分级管理的森林资源监管体制，明确把对国有林场森林资源保护管理情况的考核结果作为综合考核评价地方政府和有关部门主要领导政绩的重要依据，并提出要对国有林场场长实行国有林场森林资源离任审计。这一系列的新理念和新措施使得森林资源监督管理一步步走向规范。

3. 国有林场森林资源总量不断提高

在《国家林业局关于国有林场森林经营方案的编制和实施工作的指导意见》的指导下，全国4855个国有林场已基本完成森林经营方案的编制工作。目前，全国国有林场造林总面积72.8万hm²，其中场外造林面积14.8万hm²，中幼林抚育面积381.6万hm²。国有林场森林资源的经营不断完善，森林资源面积不断扩大。其中，全国国有林场经营面积7600hm²，其中林业用地面积占76.32%，森林面积占59.21%，森林蓄积量23.4亿m³，分别约占全国林业用地面积、森林面积和森林蓄积量的19%、23%和17%；宜林地面积500万hm²。国有林场中幼林面积3400万hm²，占森林面积的75.6%。全国国有林场公益林面积4100万hm²，其中国家重点公益林占林业用地面积的47%，地方公益林面积占林业用地面积的24%；商品林面积700万hm²，占林业用地面积的12%。林业用地面积中公益林与商品林面积合计4800万hm²，占林业用地面积的83%。总体而言，国有林场森林资源在多年的改革探索中实现了总量不断提高，已成为国家森林资源的战略构成；资源分布比较广泛，占据了全国最重要的生态区位，已成为各地最重要的生态屏障。①

（二）国有林场的改革进程

党的十八大以来，我国林业改革取得历史性突破，国有林区林场发展活力明显增强，集体林业良性发展机制初步形成，国家公园体制试点有序推进，改革已成为推动林业现代化建设的强大动力。

2015年，党中央、国务院出台了《国有林场改革方案》《国有林区改革指导意见》，国有林区林场生态保护职责全面强化，95%以上的国有林场定性为公益性事业单位，内蒙古大兴安岭重点国有林管理局挂牌

---

① 国家林业局.2013中国国有林场年度发展报告［M］.北京：中国林业出版社，2015.

成立。全国各省（区、市）国有林场改革实施方案全部通过国家国有林场改革工作小组的审批，国有林场改革进入全面展开的新阶段。

2016 年以来，国有林场全面停止了对天然林的商业性采伐，每年减少天然林采伐量 556 万立方米，全面推动了国有林场发展模式由以木材生产为以主转变为生态修复和建设为主、由以利用森林获取经济利益为以主转变为保护森林提供生态服务为主。改革以来，国有林区林场多渠道安置富余职工 14 万多人，完成棚户区改造 174 万户，惠及 500 万人，林区生产生活条件不断改善，职工收入水平明显提高。

在国家批准各省区市国有林场改革实施方案后，各地从自身的省情、林情、场情出发，普遍加大了党委和政府的领导，省级林业主管部门发挥了参谋和牵头的作用，在工作思路、工作方法、政策协调等方面积极探索创新，形成了值得借鉴和参考的宝贵经验。

1. 着力理顺管理体制、完善改革配套政策

甘肃省完善省、市州、县市区三级国有林场管理机构，加强国有林场的管理和业务指导。优化组织机构，省属白龙江林业管理局、小陇山林业实验局实行局场二级管理，适度整合林场数量；市、州、县市区所属的经营面积在 5 万亩以下、森林资源分布零散的国有林场就近合并，合并后的国有林场机构设置由林业主管部门报同级编制部门按规定审批。全面剥离国有林场办社会职能，对国有林场所办的学校、医疗机构以及人员全部移交属地管理。

云南省着力完善集体林权制度改革配套政策，报请省政府出台了《关于完善集体林权制度的实施意见》，在昆明市宜良县开展了公益林放活经营试点，示范带动相关政策措施在全省贯彻落实。

山东各级林业主管部门积极转变职能，加强发展战略、规划、政策、标准等制定和实施，减少对国有林场的微观和直接管理，强化了国

有林场独立法人地位。对同一行政区域内规模过小、分布零散的国有林场，根据机构精简和规模经营的原则进行了整合。将 8 处隶属其他单位管理的国有林场，划归林业部门管理。山东省各地把加强森林资源监督管理作为改革的首要任务，全省没有因为改革发生一起违法违规流转、侵占国有林场林地和乱砍滥伐林木现象。同时，山东省林业厅积极协调解决历史遗留的占地问题，通过置换、弥补、终止合同等方式，收回国有林地 5800 多亩。通过改革，96% 的国有林场被定性为公益一类事业单位。

广东省建立新型国有林场体制机制。改革后，全省整合为 207 个国有林场，定性为公益一类事业单位的占 75%，定性为公益二类事业单位的占 23%，维持原企业性质的占 2%。综合考虑国有林场区位、功能职责和生态建设需求等因素，全省共核定公益一类事业编制 4082 名、公益二类事业编制 2816 名，现有职工入编率达 88%。国有林场纳入地方财政保障体系，并通过政府购买服务核定护林员等岗位，充实林场"保生态"基础力量。全省将规模过小、分布零散的 47 个林场整合为 22 个较大林场，实现机构精简和规模经营。经省政府批准，省林业厅印发《关于严格控制建设项目占用国有林场林地行为的通知》，进一步加强国有林场林地保护。广东省还率先探索加强国有林场森林资源监测体系建设，委托专业技术部门编制《广东省国有林场和森林公园资源资产负债表》，通过构建数据管理平台，提高宏观监测能力，并建立健全国有林场森林资源管理档案。全省国有林场所办医院、学校等机构，所代管征兵、户籍、计生、水库移民等社会事务均逐步移交属地管理，以理顺林场与代管乡镇、村的关系，使林场脱胎换骨后轻装上阵，将主要精力集中到森林资源保护和培育主业上来。在国家层面暂未出台相关政策前，各地主动探索，积极出台政策妥善处置林场债务尤其是因营造公益林产生的不良债务，大大减轻了林场负担。各级政府积极将国有林场纳入支农惠农政策和扶贫工作计划，加大对林场基本公共服务和基础设施建设的扶持力度，林场生产生活条件得到全面提高，林场可持续发展能力不断增强。

陕西省委、省政府印发了《陕西省国有林场改革实施方案》，要求各地结合实际认真贯彻执行，标志着陕西省国有林场改革正式启动实施。截至 2018 年 5 月，陕西省已全面落实国有林场公益属性。全省公益一类事业单位的国有林场，由改革前的 70 个增加到 236 个。省属 6 个国有林业局和宝鸡市 2 个国有林业局，由同级政府按照公益事业单位标准，采取购买服务形式实现森林资源管护，"因养林而养人"的改革精神得到充分落实。改革中科学开展分类指导。对只有 3 个国有林场的韩城市，要求定性定编落实到场，明确将 3 个国有林场统一定性为公益一类事业单位，正科级编制。对林场数量最多的延安市，要求新设市级国有林场管理机构，优化了国有林场管理层级。对煤炭系统下辖 10 个国有林场进行整合，批准设立陕煤化生态林场总场，并纳入国有林场管理序列，全省经营面积增加了 36 万亩。同时，全面提升国有林场管理效率。针对部分地区国有林场零散分布、面积过小的问题，积极开展国有林场撤并整合。目前已撤并整合宝鸡市 1 处、商洛市 5 处和安康市 2 处国有林场。同时，还计划将省属 24 个国有林场整合为 6 个，延安市市属 30 个国有林场整合为 4 个。

海南省科学整合林场布局，将全省林场总数从 36 个缩减为 32 个，省属林场 13 个，市县属林场 19 个。尖峰岭、霸王岭、吊罗山、黎母山、猕猴岭等 5 个自然保护区管理局（站）与所在的林业局（林业公司、林场）合并，实行两块牌子一套人马的管理体制。改革后，列入财政拨款的事业单位林场个数从改革前的 1 个增加到 28 个，事业单位比例从 2.8% 提高到 87.5%。其中，省属林场比例达到 100%。所有改革林场以两种模式积极推进事企分开，一是组建经营实体，如省属林场全部成立森林发展有限公司，实行职能分开、财务分开、资产分开、债务分开。二是不组建经营实体，由林场直接经营商品林采伐、林业特色产业和森林旅游等暂不能分开的经营活动，实行严格的"收支两条线"管理。

吉林省政府成立了国有林场和国有林区改革领导小组，吉林省国有林场和国有林区改革领导小组办公室印发《吉林省国有林场林区改革重点工作分工的通知》。市、县两级政府和林业部门也相应成立了改革领导机构。吉林省政府与各市州签订改革目标责任书，明确各级政府的主体责任。吉林省林业厅成立了林业三项重大改革领导小组，吉林省编制部门批复设立了吉林省国有林场管理总站。此外，吉林省还印发了《国有林场改革资料汇编》《吉林省国有林场改革操作流程》；举办国有林场改革专题培训班，分层次进行培训，详解改革政策、标准和操作流程；建立改革专题网站和微信公众号，编发《改革动态》，使林场职工清晰明白改革进度、改革要求。省级相关部门还研究财政补助、参加社保、缓收滞纳金和职工身份认定等改革配套政策，联合印发了《关于国有林场改革涉及几个具体问题的指导意见》。

2. 多元发展特色林产业

云南省着眼提升优质绿色林产品供给能力，大力推进林业供给侧结构性改革，加快发展木本油料、林下经济、观赏苗木、森林旅游等特色林产业。开展了全省林业产业发展情况和林特产品优势区基本情况摸底调查工作。编制实施了《云南省核桃产业发展行动方案》，完成木本油料基地建设 132 万亩、核桃提质增效示范项目 111 万亩。积极培育林业经营主体，新增国家林业重点龙头企业 3 户、省级林业龙头企业 60 户，认定省级示范家庭林场 5 户。启动了核桃收储贷款贴息试点，成功举办了"2017 云南·昆明核桃博览会"，签订意向性销售和合作合同 195 份、金额达 2.07 亿元，总成交额近 3 亿元。林业行业总产值 1955 亿元、同比增长 14.7%，林区群众来自林业的收入稳步提高，林业绿色优势和作用越来越明显。

甘肃省庆阳市国有林场是甘肃省的改革样板。为盘活国有林场发展活力，庆阳市每年自筹资金完成造林 100 万亩，同时确立了以苗木培育、森林旅游为主的产业发展思路。2011—2014 年，庆阳市年均造林面积是改革的 4 倍，有林地面积增加 19.48 万亩，森林覆盖率增长 2.49 个百分点。全市共完成苗林结合培育工程 207.17 万亩，先后建立国家森林公园 2 处、省级森林公园 7 处，经营总面积 91.8 万亩，年接待游客 28.7 万人次，旅游收入 231.4 万元。全市将依托各类生态工程建设，通过大力造林、科学营林、严格保护等多措并举，进一步优化树种结构，改变林分结构，增强生态功能，到 2020 年，国有林场将再增林地面积 108 万亩。还继续将种苗花卉业和森林旅游业作为国有林场经济发展的主导产业，实现苗木生产专业化、规模化和产业化，打造庆阳苗木品牌；加快编制甘肃子午岭国家级森林公园总体规划，全力打造"绿（森林）、黄（黄土丘陵）、红（红色革命文化）、蓝（湿地）"四大景观，形成了子午岭森林生态旅游圈。庆阳市国有林场将积极探索实施机制创新工程，加强基础设施建设，改善职工生产生活条件。同时，加强森林资源保护力度，全面激发国有林场生态主力军活力，提高生态保障能力，构筑西北生态屏障。

贵州国有林场则采取对外承包林地、租地、联营合作、股份合作、赎买青山等形式，实施场外造林，森林资源面积不断扩大。据统计，贵州已有 25 个国有林场实现场外造林 65 万亩。改制后，贵州省毕节市因地制宜、立体开发、适度经营，发展种植业、养殖业、加工业和森林旅游业等实体经济。贵州省大方县大海坝国有林场充分利用自身森林、林地资源优势，引导职工发展林下经济。2014 年，林场与当地天麻种植专业户、专业合作社和天麻加工公司合作，筹资 80 余万元，发展林下种植冬荪 20 亩、天麻 300 亩，产值超过 200 万元，净收入超过 100 万元。

四川省利用现有森林资源，大力发展林下中草药种植业、苗木花卉培植业、野生动物驯养业、林下养殖业、林特产品加工业、森林旅游业加快形成一批拉动经济增长助农增收的特色产业。与此同时，积极培育多元培育经营主体。深入开展示范社创建活动，发挥辐射引领作用，促进林业生产规模化、集约化、标准化、信息化发展。目前，全省发展家庭林场 61 家，经营面积 3.4 万亩；培育林业大户 616 户，经营面积 8.5 万亩；培育林业合作经济组织 94 个，入社农户 24316 户，带动农户 71125 户。其中，市级示范社 6 个，省级示范社 5 个，国家级示范社 2 个。

3. 积极发展森林旅游业

云南省积极推进国家公园体制试点，报请省政府批准成立了省级国家公园体制试点领导小组，明确了香格里拉普达措国家公园体制试点工作重点任务和分工，规范了国家公园特许经营项目管理，编制上报并经省政府常务会议审定通过了《亚洲象国家公园体制试点方案》。

广东各地积极探索和鼓励具备条件的国有林场建设森林公园，适度向公众开放，提供普惠性的生态公共产品，使国有林场改革红利惠及广大民众，有效地保护了国有森林资源。

陕西省积极改造林区管护站，服务精品旅游。陕西省日前启动省重点林区管护站"十线百站"提升改造工程。意在提升国有林场管护站基础设施建设，同时化解管护与旅游的矛盾。省级预算内基本建设投资 2 亿元，省级财政投资 0.4 亿元，市（县）和林场自筹 1 亿元，在全省重点国有林区，筛选 10 条精品旅游线路，提升改造沿线 100 个国有林场管护站，在强化森林资源管护的同时，既为森林旅游者提供休憩、补给、养生等多项功能的生态体验，也为国有林场发展相关产业开拓新途径。目前，项目已安排省级预算内投资 3000 万元，18 个标准化管护站进入实质建设阶段，6个标准化管护站建设接近完工，12个标准化管护站近期将开工建设。

贵州省全省森林和野生动物及湿地类型自然保护区达到105个、总面积1346.49万亩，建立森林（生态）公园94个。通过开发利用森林资源和景观优势，大力开展森林旅游和森林康养，年均接待游客3000万人次以上。

初步建立以湿地自然保护区为基础、湿地公园为主体、湿地保护小区为补充的湿地保护体系，全省国家湿地公园从2011年前的1处增加至45处，成为我国国家湿地公园增速最快的省份。

地处川、渝、黔交界处的贵州省赤水市，利用4个国有林场中的丹霞地貌、桫椤王国、茂密竹海、瀑布等旅游资源，每年吸引300多万人次的游客，一些林场通过门票收入分成改善了林业基础设施力度、加大了营林护林力度。同时，四川省还积极推进大熊猫国家公园试点建设。确定了大熊猫国家公园眉山纳入面积，开展了大熊猫国家公园眉山范围内涉林机构、人员及资产的再核查，完成了大熊猫国家公园眉山范围内勘界落图工作。同时，赤水市依托现有森林资源，完善景区基础设施建设，推出了一批生态旅游精品线路，开发休闲度假、民俗体验等不同类型生态旅游产品，打造了一批生态宜居的特色乡村。

辽宁省充分发挥国有林场在发展森林旅游产业中的领头羊作用。根据辽宁省城市分布特点及森林旅游资源特色，辽宁省将森林旅游划分为山、海、民俗、宗教生态旅游区。一是以枫林谷、关门山为龙头，发挥国有林场森林资源丰富和自然环境优美的优势，整合绿色山水生态旅游资源，重点发展山、湖、洞休闲度假旅游。二是以大连为窗口，辐射营口、盘锦、锦州、葫芦岛、丹东沿海地区，依托区域内山水、滨海兼备的森林旅游资源，重点发展滨海旅游和城郊森林旅游业。三是以抚顺为中心，辐射沈阳、辽阳、鞍山，充分发挥满族文化等旅游资源优势和森林生态环境优势，利用赫图阿拉老城、萨尔浒遗址等旅游品牌的带动功能，重点发展森林文化体验探索和森林休闲养生旅游。四是以海棠山、医巫闾山为核心，辐射阜新、朝阳，充分发挥宗教影响力和优美的森林资源优势，重点发展森林养生养老和森林休闲旅游。

4. 妥善安置人员，完善保障体系

甘肃省按照"内部消化为主，多渠道解决就业"和"以人为本，确保稳定"的原则，妥善安置国有林场富余人员，不采取强制性买断，不搞一次性下岗分流，确保职工基本生活有保障。在职工自主自愿的前提下，主要通过以下途径进行安置：一是由林场提供多种经营岗位逐步过渡到退休；二是以购买服务方式从事森林管护抚育。改革后按国有林场相应类别及标准，实现职工"五险一金"全覆盖，以前年度欠缴的各项保险一次性给予补缴，所欠缴的资金首先由中央财政安排的国有林场改革补助资金予以解决，不足部分按现行渠道解决。将全部富余职工按照规定纳入城镇职工社会保障范畴，确保职工退休后生活有保障。符合低保条件的林场职工及其家庭成员纳入当地居民最低生活保障范围，切实做到应保尽保。

山东省82%的国有林场职工收入由原来的年均3万余元提高到5万余元，90%以上的职工参加了养老、医疗等社会基本保险。

广东省改革按照"内部消化为主、多渠道解决就业"原则，全省各地新核定事业编制数内已安排大部分职工工作岗位，相当部分市（县）在职职工实现全员过渡，一些地区在现有人员基础上增加事业编制用于保护和培育森林资源。富余职工通过购买服务方式从事森林管护抚育，或安排从事森林防火、森林旅游、资源调查、林下经济、经济实体等方面工作。东莞、珠海、韶关等市富余职工待遇比照进入编制职工同等待遇发放，相关支出纳入地方财政预算。各级政府筹措资金，确保改革前编制内退休人员养老待遇不低于原有水平。

贵州省纳雍县林场采取职工入股的方式，建立纳雍众森园林绿化股份有限责任公司，培育香樟、桂花等绿化苗木 300 余亩，年收入达 100 万元，人均年收入 2 万余元。

海南省的林场改革按照中央"不采取强制性买断方式，不搞一次性下岗分流"要求，把现有林场在册职工成建制转入经营实体就业。全部职工按照规定纳入城镇职工社会保险范畴，符合低保条件林场职工及其家属纳入当地城镇居民最低生活保障范围。目前，全省 3558 名林场在职职工已全部参保，参保率达 100%。各项改革任务在 2017 年 8 月底前已完成，各省属、市县属林场在 10 月底前完成了自查验收。

四川省各林场均建立起"收支两条线"财务制度，基本实现职工收入足额、及时发放。截至 2017 年 5 月，全省已累计下达改革财政补助资金 2.42 亿元，用于 1359 户林场职工危旧房改造以及林区基础设施建设。

辽宁省全部落实了事业编制。全省参与核定编制的在职职工 11,688 人，改革后核定事业编制 8044 人，占在职职工的 69%；富余职工 3644 人，占在职职工的 31%。通过采取购买服务、发展林业特色产业、转岗就业等措施，确保富余职工工作有保障，收入不降低，逐步过渡到退休。比如，锦州凌海市采取"抱团取暖，有效分流，分兵作战"的办法，确保林场职工一个都不少。全市 4 家林场统一核定事业编制，富余人员全部纳入市级财政预算，多种经营收入，实行"收支两条线"，确保改革取得成功。同时，全部落实了社会保险。改革解决了历史上的社会保险欠账，对国有林场拖欠的社会保险费一次性趸交，同时理顺了参保平台。改革后，国有林场职工包括在职和离退休人员均纳入事业单位保险，按照规定参加当地养老、医疗、工伤、失业、生育社会保险，做到应保尽保，实现全覆盖。

5. 引入市场化机制，进行服务购买试点

山东省的绝大部分市、县（市、区）积极引入市场机制，将国有林场造林、抚育、采伐特别是护林防火等项目，通过政府向专业队购买服务的方式解决。将 49 处国有苗圃并入国有林场，实现资源共享、技术互补。积极探索实行"收支两条线"管理，收入上缴财政后按一定比例返还或直接纳入单位部门预算，优先用于林场基础设施建设和林业生产活动。

海南省在森林资源管护机制上，继续完善公益林政府购买管护机制。改革过渡期，暂由林业行政主管向经营实体购买公益林管护服务，妥善安置富余职工。过渡期结束后，将逐步引入市场机制，通过合同、委托等方式面向社会购买服务。

四川省的 180 个国有林场中，已有 156 个确定为全额拨款公益一类或公益二类事业单位，占总量的 86% 左右。全省有国有林场分布的 20 个市（州）均已公布了改革方案，明确林场管理层级不变和政事分开，并确立"向社会购买服务"为主体的公益林管护机制。各林场已累计面向社会招聘 1000 余名生态护林员。我省同步启动国有林场不动产确权登记颁证，全面建立起林场森林资源有偿使用制度。而通过资源整合、机构合并等方式，已有 30 个林场的管护范围得到扩大。

内蒙古自治区通过引入市场机制，提升公益林管护社会化程度。目前，锡林郭勒盟 10 个旗县市 13 个林场（治沙站）已全部实现购买服务为主的国有林场公益林管护模式。其中，锡林浩特市政府通过公开招标，与中标企业签订合同，实现森林资源管护市场化运营模式。阿巴嘎旗、东乌旗、西乌旗、西苏旗、镶黄旗、正镶白旗、正蓝旗、太仆寺旗、多伦县等 9 个旗县以林业局或林场为单位，用公益林补偿资金招聘管护人员，成立了管护大队进行公益林管护工作。

（三）国有林场管理机制现存问题

随着我国经济结构改革的不断深入，林业必将在深化改革中"百尺竿头更进一步"，尤其是作为林业发展支柱的国有林场更是如此。在过去的几十年里，国有林场的建设取得了辉煌的成就。但是，在发展和改革中，国有林场也出现了新的难题，其难题主要表现在生态补偿资金投入不足、公益一类范围有待扩大、林场基础设施相对落后、购买服务机制尚不健全、有偿使用机制尚未形成、市场监督机制有待完善、人力资源结构有待优化等方面。

1. 生态补偿资金投入不足

国有林场森林资源以生态公益林为主，而生态公益林的建设和经营是一项公益事业，所带来的生态效益远远超出其经济效益。2016年，中央财政将国有国家级公益林补偿标准从2015年的每年每亩6元提高到了8元，其中上级提取0.25元，剩下的7.75元用于公益林管护。尽管中央财政逐步加大了投入力度，但对于许多经济欠发达地区，公益林补偿金额还远不足以支付管护费用。以河北省为例，2016年城镇非私营单位就业人员年平均工资为55334元，也就是说护林员需要看护7140亩林地才能达到非私营单位就业人员年工资的平均标准，而就目前的技术条件，这对于护林员来说是不可能完成的。因此，相对于目前管护难度和就业人员平均收入而言，生态补偿资金投入需要进一步加强。

2. 公益一类范围有待扩大

目前，国有林场改革坚持公益性改革方向，截至 2017 年，全国已有 95.1% 的国有林场定性为公益性事业单位，其中既包含全额预算（公益一类）国有林场，也包含差额预算（公益二类）国有林场。公益二类国有林场实行"定额补贴"，一般只能核定人员经费（包括离退休人员保险、在职人员工资）的 60% ~ 70%，其余 30% ~ 40% 的经费缺口需要林场通过经营活动自行弥补。在现有实践中，部分公益二类国有林场存在以下三个方面的问题：第一，由于历史原因，许多国有林场离退休人员较多，退休后国有林场仍需继续负担其 22% 的养老保险及 8% 的医疗保险，加剧了林场支出；第二，公益二类国有林场基本需要依靠林副产品、苗圃抚育、林下种养殖等方法增收，国有林场的资金来源渠道相对较少，林场经营收入低下；第三，欠发达地区国有林场经营水平不高，缺少合理规划和资金投入，经营项目很难成功，甚至导致常年负债。这些问题导致公益二类国有林场入不敷出，职工工资下发困难，林场情况逐步恶化。部分国有林场积累了大量呆账、坏账，负债情况十分严峻。相比较而言，公益一类国有林场通过全额纳入财政预算管理，使职工工资福利得到保障。同时解决了国有林场长期存在的职能不清、定位不准、属性不明问题，国有林场的定位从森林资源的经营者完全转变为管理者，在生态服务上向发挥森林多功能效益转变，更有利于国有林场的健康发展。因此，在国有林场成为公益性事业单位的基础上，我们还需进一步扩大公益一类范围，加快公益二类林场向公益一类转变。

3. 林场基础设施相对落后

国有林场多数远离县城、乡镇，一些林场甚至离村屯很远，地理位置偏僻，国家的基础设施建设如电网改造、交通和通信建设、农村的"村村通工程"等辐射不到林场，导致林场建筑设施陈旧，路网年久失修，破损严重，还有的地方对林场实行歧视政策，如电网改造的配套费比农村高一倍，致使林场路、水、电、通讯、住房等生产生活设施建设严重滞后，电力设施老化，电费偏高，一些生态公益型林场远远落后于农村。除此之外，国家对林场的森林防火、管护站点用房、有害生物防治、广播电视等基础设施建设的投入不足，对于林场的基础设施建设和危旧房改造工程的实施的监管力度不足，导致目前国有林场的基础设施不能满足林场可持续性发展的要求。以重庆市武陵山国家森林公园为例，部分林场基础设施较为落后，管护站（点）约6000平方米，多属20世纪六七十年代修建，功能不配套，房屋破旧；林区公路建设滞后，少数站（点）不通公路；电力设施落后，个别管护站（点）不通电；林区广电、移动通信网络较差，多数站（点）无宽带网络、无闭路电视、无无线通信信号。因此，林场基础设施相对落后的局面应尽快扭转。

4. 购买服务机制尚不健全

从目前情况来看，政府实际上既是政策方案的制定者，又是具体业务的实施者，极易出现政府失灵而导致国有林场改革出现一系列问题。一是政府购买国有林场的服务主体缺乏差异性。二是竞争机制的缺乏导致效率低下。国有林场完成具体的业务活动，如造林、抚育等，主要是按照年度计划，利用专项经费，由林场组织实施，没有充分引入市场竞争机制，不利于公共财政资金高效运用。三是购买程序不够规范。购买合同较为简单、标准不清晰，合作关系的随意性大。已有的购买实践主要由购买主体负责实施，各单位基本以项目的形式开展购买服务，具体程序主要停留在项目审批、项目购买及项目执行阶段，购买过程存在缺乏竞争性、透明性及实质性的评估环节等方面的问题，购买资金预算与使用信息公开力度不够，信息公开机制、服务评价和监督约束机制不完善。四是社会力量发展不足。目前，县级及以下单位能够承接政府购买服务的社会力量总体上都存在着资金人才缺乏、独立性薄弱、专业化水平不高等问题，不利于形成竞争性的市场环境，这些都制约了购买服务的财政资金绩效。社会组织能力不足的风险或者部分领域社会组织发展空白的状态，导致公共服务无法通过政府购买的方式来提供。五是工程评估验收机制不完善。国有林场与主管部门，由于管理和人事的密切联系，为利益相关方，极易产生既当裁判员又当运动员的现象，以致监督不到位，工程评估验收走过场。

5. 有偿使用机制尚未形成

从现有实践来看，国有林场森林资源有偿使用目前主要存在以下几个方面的问题：一是国有林场森林资源有偿使用的模式没有大范围的推广，只有部分林场进行了尝试，且有偿使用行为不规范，迫切需要政策制度来指导和规范。二是有偿使用面临许多限制，如大部分国有林场森林资源以公益林为主，然而公益林本身不能流转，给林场经营带来一定困难，有偿使用范围也不明确。三是在有偿使用的过程中，尤其是委托第三方企业经营的形式，由于政府、企业和林场的资金及地位不对等，在签订有偿使用合同时林场往往容易失去话语权。四是部分国有林场由于长期负债，林场职工贷款困难，导致发展林下经济时缺少前期经营资金。而且，多数林场对于林下经济仍处于探索阶段，尚未形成规模，零散的经营模式导致产品购买、销售困难。五是现有的森林资源评价体系仍不完善，森林资源的价值难以作价评估，给其有偿使用也带来了一定的困难。六是有偿使用过程尚未借助于公共交易平台，招投标过程不规范。另外，国有林场有偿使用的收益分配也有待进一步探索。

6. 市场监管机制有待完善

目前，我国国有林场的市场监管机制尚不完善，如在购买服务程序中，购买合同较为简单、标准不清晰，合作关系的随意性大，各单位基本以项目的形式开展购买服务，具体程序主要停留在项目审批、项目购买及项目执行阶段，购买过程存在缺乏竞争性、透明性及实质性的评估环节等问题，购买资金预算与使用信息公开力度不够，信息公开机制、服务评价和监督约束机制不完善。此外，在森林资源有偿使用过程中，森林资源的所有者或代理人与资源使用者很多时候是同一主体，这样就很难对国有林场森林资源有偿使用进行有效监督。因此，完善国有林场市场监督机制是国有林场健康发展的重要一环。

7. 人力资源结构有待优化

部分国有林场存在着组织结构臃肿、人力资源结构不合理的现象，其主要表现在专业技术人员比例不断减少、离退休人数比例增加、人力资源分布不平衡等方面。例如，国有林场现有职工学历普遍偏低，专业技术人员以林业类为主，缺乏管理人才和气象、信息及实用技术方面的人才，从事科学研究、产业开发的人才极其短缺；人口老龄化趋势的加剧和社会医疗条件的进步，使得越来越重的退休金和补偿金等支出加剧了国有林场的负担。为此，部分地区积极开展了人力资源结构改革，以浙江省为例，该省按照每个林场配备管理人员5~10人，以及每万亩生态公益林配备从事公益林管理、建设、科研等工作8人左右的定编标准，采用定编不定人、自然减员至核定编制数的灵活方法，如开化县采取严格控制新进人员的方法，3年内人员"只出不进"，3年后每年安排1~2名新进人员指标，用于招聘紧缺类或高层次专业技术人才，目前已经较好地改善了林业队伍结构。

四、国有林场购买服务机制

（一）购买服务机制框架

国有林场自行负责森林资源日常管理，运作成本高、产出效益差。随着国有林场改革的深入推进和林业现代服务业的快速发展，林场直接开展公益服务日益凸显出其局限性。而随着政府购买服务的推进，2015年，中共中央、国务院印发《国有林场改革方案》，强调国有林场森林资源日常管护要引入市场机制，通过合同、委托等方式面向社会购买服务。

近年来，一些省市国有林场在转变服务机制上做了有益探索，如山西、福建、北京、重庆等省市建立了公益林生态补偿机制，以购买劳务方式委托商品经营型林场对生态公益林进行管护等，但总体上，国有林场仍然存在着提供公益服务能力不强、效率低下、增幅缓慢等问题。

因此，在林场职工正常履行职责进行森林资源管理的基础上，国有林场可以采取市场化方式购买社会服务，如通过购买劳务的方式提供人工造林、森林抚育和公益林管护等服务，应建立购买服务机制，建立项目申报、预算编报、组织采购、项目监管、绩效评价的规范化流程，与林场职工自行提供服务相结合，以提升公益服务质量和效率。

国有林场购买服务机制框架如图4-1所示。

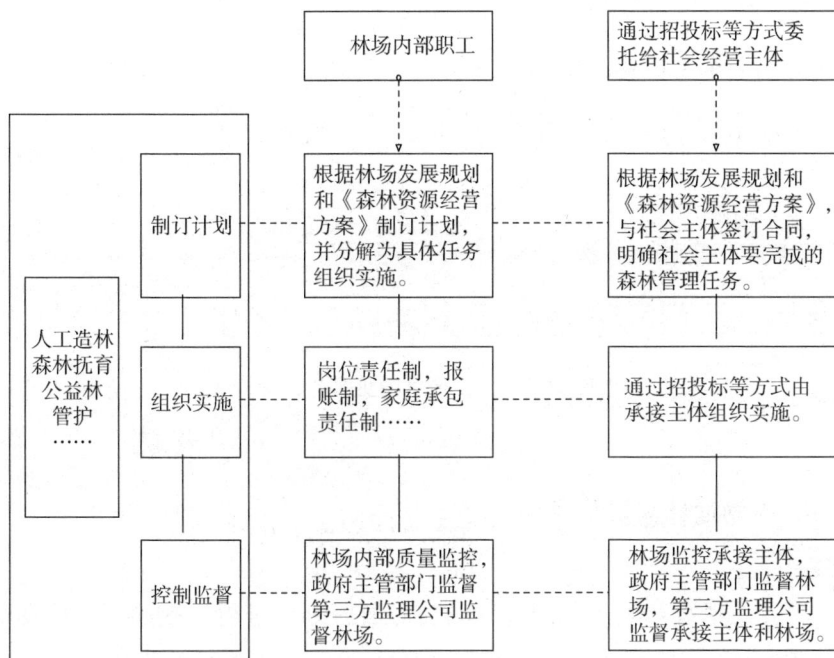

图4-1　国有林场购买服务机制框架图

（二）人工造林购买服务机制

人工造林即通过人为方式在技术上根据林木生态适应性和生长发育规律进行科学的植树造林活动。人工造林服务可通过国有林场购买劳务的形式，引入市场机制，提升造林质量。山西省黑茶山国有林管理局积极推进市场化造林，创新造林体制和机制，充分调动群众和职工营造林的积极性。而且，摸索出厂企合作、乡厂合作、职工与林农合作等联营、股份合作制造林模式。

对于人工造林服务的购买行为，购买主体为国有林场，承接购买服务的主体为依法在工商管理或行业主管部门登记成立的林业企业、机构等社会力量，也可以是林场职工、林农和专业户。国有林场购买人工造林服务的主要流程如图 4 - 2 所示。

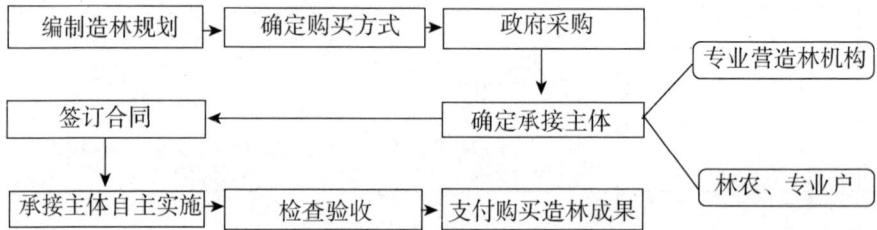

图 4 - 2　人工造林购买服务流程

1. 编制造林规划及标准

购买人工造林服务前国有林场要对所区划地进行详细调查，根据调查及林场发展规划和《森林资源经营方案》，明确人工造林过程中采种、育苗、栽植（或播种）及幼林抚育等服务的范围、种类、数量、质量要求，以及服务期限、权利义务和违约责任等，编制造林规划及标准，购买主体在购买造林规划设计时应依据造林地立地条件、苗木品种规格及市场价格、劳动力成本等因素，本着科学、合理的原则，确定购买式造林的购买价格。

2. 确定购买方式

由于人工造林服务具有一定专业性，因而对于造林计划任务量大、预算超过公开招标的限额标准的项目，国有林场实行公开招标的形式，面向专业营造林公司进行招标，购买人工造林服务。对于造林任务量小、采用招投标的方式成本占整个造林项目预算比例高的项目，国有林场可通过合同委托方式向林场周边林农、专业户购买人工造林服务，可适当与精准扶贫相结合，将扶贫资金用来实施购买人工造林服务，帮助农民脱贫致富，国家获得森林生态效益，农民获得经济效益。

3. 规范购买流程

经上级林业部门及财政部门审批通过后，对于公开招标的方式，国有林场与代理机构签订委托代理协议，实施人工造林服务购买。国有林场根据编制的造林任务清单制作招标文件，及时、充分地向社会公布人工造林服务的范围、内容以及对承接主体的要求和绩效评价标准等信息，发布招标信息，遵循公开、公平、公正原则，完成收标、开标、评标过程，并发布中标信息，确定造林服务的具体承接主体。对于合同委托的方式，国有林场根据造林规划发布购买造林服务公告，职工、林农和专业户等市场主体提出申请，竞争承接造林任务。通过上述两种方式确定承接主体后，按照合同管理要求，国有林场与承接主体签订人工造林委托合同。

4. 加强监督验收管理

加强对服务提供全过程的跟踪监管和对服务成果的检查验收。国有林场应因时因季对造林的面积进行实测检查，对新造幼林经过一个完整生长周期后进行成活率调查，对不合格的幼林严格进行补植和重造。一般幼林需经 3～5 年抚育管理。此时应对造林面积保存率、造林密度保存率、经营和林木生长情况组织调查达标后才算验收合格，然后支付给承接主体资金，购买造林成果，建立档案。资金支付由购买主体根据合同约定、造林实施进度、绩效评价等情况，统筹安排拨付，分年度按比例支付。在承接主体完成造林任务并由购买主体进行成活率检查合格后，可支付一定比例的资金；造林成活且达3个生长期，经保存率验收合格后，支付剩余全部资金。资金拨付比例由购买主体和承接主体在签订合同时约定。人工造林承接主体要严格履行合同义务，并负责一定期限的幼林抚育、补植补种、病害防治和管护等造林服务项目任务，保证服务数量、质量和效果。

（三）森林抚育购买服务机制

森林抚育是指从幼林郁闭成林到林分成熟前根据培育目标所采取的各种营林措施的总称，包括抚育采伐、补植、修枝、浇水、施肥、人工促进天然更新以及视情况进行的割灌、割藤、除草等辅助作业活动。对于森林抚育服务的购买行为，购买主体为国有林场，承接购买服务的主体为依法在工商管理或行业主管部门登记成立的林业企业、机构等社会力量。国有林场购买森林抚育服务的主要流程为如图4-3所示。

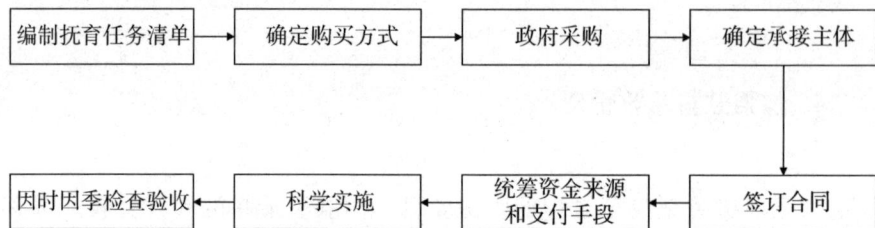

图4-3 森林抚育购买服务流程

1. 编制抚育任务清单

购买服务前国有林场要进行小班调查，对树种的龄组、起源进行划分，确定森林抚育的目的树种和培育目标，明确抚育方式，明确小班的抚育面积、（浇水）用水量、（施肥）肥料种类与数量、（割灌除草）除草面积、（定株）定株穴数或株数，编制抚育设计方案。随后，国有林场通过设计方案明确所需购买抚育服务的范围、数量、质量要求，以及服务期限、权利义务和违约责任等，编制抚育任务清单和预算清单，报上级林业部门和财政部门审批。

2. 确定购买方式

国有林场森林抚育项目的购买方式主要为公开招标，由于森林抚育专业性强、工作量大、质量要求高，应通过招投标的方式向具有一定专业资质的林业企业及社会力量购买森林抚育服务。

3. 规范购买流程

经上级林业部门及财政部门审批通过后，国有林场与代理机构签订委托代理协议，实施森林抚育服务购买。国有林场制作招标文件，及时、充分地向社会公布森林抚育服务的范围、内容以及对承接主体的要求和绩效评价标准等信息，发布招标信息，遵循公开、公平、公正原则完成收标、开标、评标过程，并发布中标信息，确定具体森林抚育服务承接主体。按照合同管理要求，国有林场与承接主体签订森林抚育委托合同，按照合同要求支付资金。

4. 加强监督验收

在具体抚育服务实施过程中，国有林场要落实作业地点、面积、方式、时间和质量要求。施工作业合同一经签订，森林抚育承接主体不得擅自转包。要加强对森林抚育服务提供全过程的跟踪监管和对服务成果的检查验收，国有林场检查验收以作业设计小班为单位，采用抽样调查方法，对抽取小班的标准地进行检查，须按国家林业局林造发〔2014〕140号文印发的《森林抚育作业设计规定》《森林抚育检查验收办法》执行。各级林业主管部门要加强对森林抚育工作各阶段情况的监督，并根据《关于定期报送森林抚育经营信息的通知》（林造营〔2013〕98号）等要求，明确专人，按时于每月月底前报送当月森林抚育进度等信息（包括中央财政森林抚育补贴项目与一般森林抚育）。森林抚育承接主体要严格履行合同义务，按时完成抚育服务项目任务，保证服务数量、质量和效果。

（四）公益林管护购买服务机制

公益林管护工作主要任务为防火、防盗伐和防病虫害。目前，已有不少省份进行购买公益林管护服务，如山西省开展森林资源"精细化管理、资产化管护"模式，以合同形式将每个责任区的森林资源管护、培育和设施建管任务核定落实给管护人员。湖北省秭归县采取由专业队管护和分级管护两种模式。福建省采取联产管护、责任承包、委托管护等多种形式。这些省份的做法具有借鉴意义，但制度都不完善，需要建立一套规范的国有林场公益林管护购买服务制度。

对于公益林管护服务的购买行为，购买主体为国有林场，承接购买服务的主体为依法在工商管理或行业主管部门登记成立的专业防火队、林业企业、林业机构等社会力量，以及有能力的林场职工及林农等。国有林场购买公益林管护服务的主要流程如图4-4所示。

```
┌──────────────┐      ┌──────────────┐
│  摸清资源底数  │─────▶│  开展综合规划  │
└──────────────┘      │ 定制管护服务目录 │
                      └──────────────┘
                             │
                             ▼
┌──────────────┐      ┌──────────────┐      ┌──────────────┐
│  签订管护合同  │◀─────│  确定购买方式  │─────▶│   合同委托    │
└──────────────┘      │  与承接主体   │      │  林农、专业户  │
       │              └──────────────┘      └──────────────┘
       │                      │
       │                      └─────────────▶┌──────────────┐
       ▼                                     │   公开招标    │
┌──────────────┐      ┌──────────────┐       │ 专业森林管护企业 │
│  实时动态考核  │─────▶│  统筹资金来源  │       └──────────────┘
└──────────────┘      │  和支付手段   │
                      └──────────────┘
```

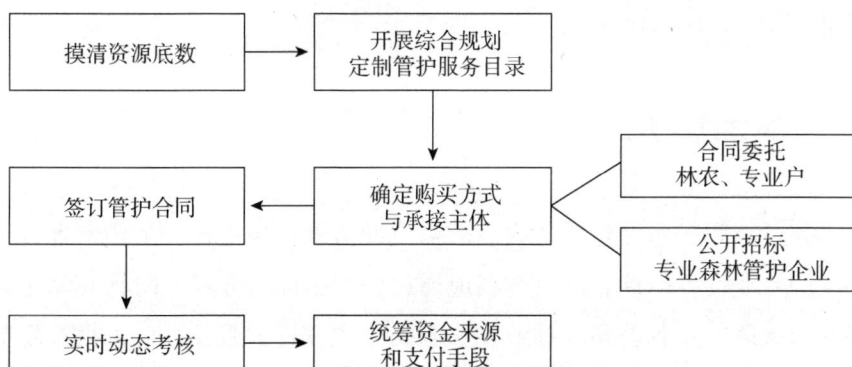

图 4 - 4　公益林管护购买服务流程

1. 摸清资源底数

国有林场应结合林地变更调查，组织技术人员、管护人员完成辖区内林地资源二类调查，摸清每个责任区内森林资源底数，对需要造林、改造的宜林地、灌木林地、低质低效林面积，野生动植物、林下中药材、菌类等森林资源分布，林道、围栏、标牌等林业设施，以及偷砍盗伐、非法占用林地、森林灾害等现状，以小班建卡建档，综合平衡森林管护难度、森林培育任务、水系流域界限、可利用资源状况等因素，调整原有责任区界，划定新的管护经营责任区。

2. 定制管护服务目录

国有林场要科学制定国有林场购买公益林管护服务目录，制定综合规划，规划要明确购买服务的范围、数量和质量要求，制定权责清单。要明确管护员职责内的资源保护、生态建设等任务和质量标准。要明确禁止、控制或限制的事项和处罚方式。要明确林场的监管内容、措施和方式。要根据管护任务内容制定预算清单，报上级林业部门和财政部门审批。

3. 确定购买方式

公益林管护主要包括防火、防盗伐和防森林病虫害，工作内容具有一定的专业性，因此，国有林场应通过公开招标的方式，向具有专业资格的防火队、生物公司和林业企业购买公益林管护服务。对于相对简单的管护任务，国有林场也可通过合同委托的方式，向国有林场附近村民和专业户购买服务，并与精准扶贫相结合，将扶贫资金用来实施购买公益林管护服务，帮助农民脱贫致富，国家获得森林生态效益，农民获得经济效益。林场以合同形式将每个责任区的森林资源管护、培育和设施建管任务核定落实给管护人员。

4. 规范购买流程

经上级林业部门和财政部门审批通过后，对于公开招标方式，国有林场与代理机构签订委托代理合同，实施公益林管护服务购买。国有林场制作招标文件，及时、充分地向社会公布公益林管护的范围、内容以及对承接主体的要求和绩效评价标准等信息，发布招标信息，遵循公开、公平、公正原则，完成收标、开标、评标过程，并发布中标信息；对于合同委托方式，实行双向选择，并公开竞争承包管护责任区，通过竞争聘用管护员，可优先考虑林场职工聘用管护员岗位，在林场职工缺位的情况下，可考虑林业局其他单位的职工应聘意愿，也可与驻地政府的精准扶贫相结合，或向各其他社会力量购买管护服务。确定公益林管护承接主体后，国有林场与承接主体签订公益林管护委托合同，按照合同要求支付资金。

5. 加强跟踪监管

国有林场要加强对服务提供全过程的跟踪监管和对服务成果的检查验收，进行实时动态考核。要采用先进设备和先进考核方式，如利用GPS实时定位管护员位置进行考勤管理。要量化考核指标，严格考核、监督、检查、验收，统一过程管理与结果管理，保障森林资源管护工作实现规范化、精细化、常态化和法制化。承接主体要严格履行合同义务，按时完成公益林管护服务项目任务，高质量高效率完成防火、防盗伐和防病虫害工作。

五、国有林场森林资源有偿使用机制

我国国有林场森林资源类型丰富，层次结构多种多样，发挥着重要的生态功能、社会功能和经济功能。我国国有林场森林资源主要包括生态公益林和商品林两大类，其中，生态公益林由国家级公益林和地方公益林组成。无论是生态公益林还是商品林都是国有林场保护国家生态安全、提升人民生态福祉、应对气候变化的重要保障。

目前，山西省、重庆市等地国有林场实现了公益一类全覆盖，解决了国有林场行政管理资金不足的问题。然而，"温饱靠政策，发展靠市场"，如何盘活森林资源，使国有林场在保值的基础上产生经济效用，是当下国有林场亟须解决的问题。国务院发布《关于全民所有自然资源资产有偿使用制度改革的指导意见》，提出建立国有森林资源有偿使用制度，严格执行森林资源保护政策，充分发挥森林资源在生态建设中的主体作用。国有天然林和公益林、国家公园、自然保护区、风景名胜区、森林公园、国家湿地公园、国家沙漠公园的国有林地和林木资源资产不得出让。对确需经营利用的森林资源资产，要确定有偿使用的范围、期限、条件、程序和方式。对国有森林经营单位的国有林地使用权，原则上按照划拨用地方式管理。研究制定国有林场改革涉及的国有林地使用权有偿使用的具体办法。推进国有林地使用权确权登记工作，切实维护国有林场确权登记颁证成果的权威性和合法性。国有林场以租赁、特许经营等方式积极发展森林旅游，探索一条森林资源有偿使用机制。

在我国，集体所有制下的森林资源有偿使用经过多年的发展已逐渐完善，然而国有林场森林资源有偿使用虽已有所尝试，但尚未形成和确立相应的规范和制度。例如，在流转内容方面，一些地区流转了生态公益林，如通过向租赁方出租森林景观来发展森林旅游，但一些地区流转了防护林和特种用途林，则属于不当流转；在流转批准方面，通过出租和租赁形式流转国有林地、林木中除了林地面积较大或流转涉及外国企业以外，一般情况下，并没有经政府部门批准；在流转评估方面，一些地区具有丙级以上资质的评估机构对采用抵押、出资入股、林地发包方式流转森林资源资产进行了资产评估，但对其他流转方式并没有开展资产评估；在流转招投标和拍卖方面，尽管流转交易都签订了流转合同，但是绝大多数林地流转尚未借助于公共交易平台，在缺乏招投标、拍卖的前提下便将林地流转给受让方。

基于国有林场的现状及问题，本章研究将从有偿使用的范围、主体、方式、交易流程等方面入手，提出国有林场森林资源有偿使用机制，如图5-1所示。

（一）森林资源有偿使用范围

根据《森林法》《土地管理法》等相关法律、法规的规定，国有林地由国务院代表国家行使所有权，国务院按照国有资产管理办法，采取"国家所有，分级管理"的方针，在国有林地的具体经营和管理上，国务院既可以直接行使有关权利，也可以授权中央和地方各级林业主管部门或国有林管理机构行使有关权利。按照规定，国家公园、自然保护区、国家森林公园、国有天然林和公益林的国有林地使用权和林木所有

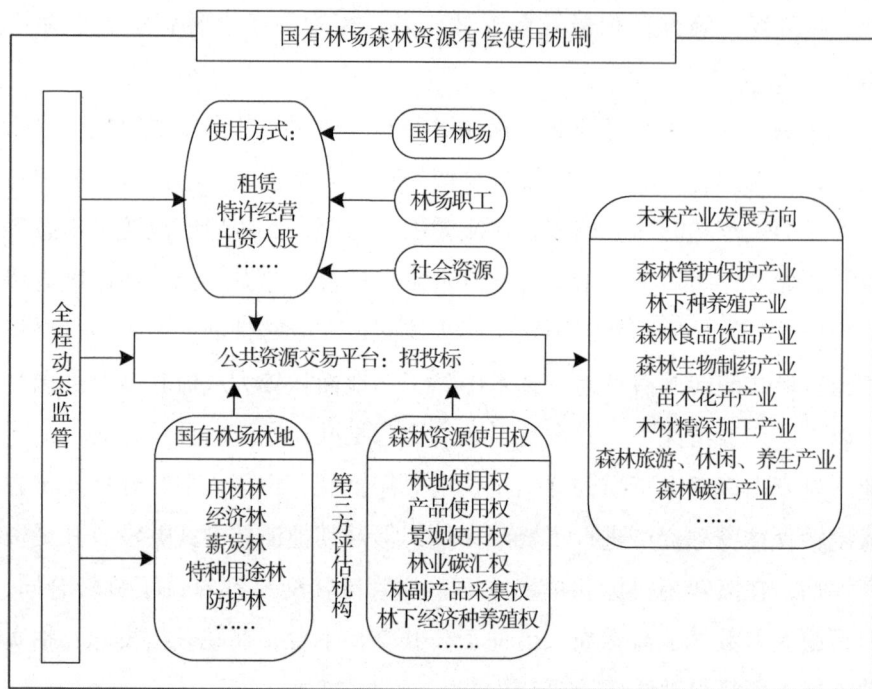

图 5-1 国有林场森林资源有偿使用机制框架图

权不得出让。

　　森林种类按人类对于森林的影响程度可以分为天然林和人工林,按森林经营特征可分为商品林和公益林,按照森林法规定分为防护林、用材林、经济林、薪炭林、特种用途林,其中薪炭林、用材林、经济林属于商品林,防护林、特种用途林属于公益林。为了保护代表性的自然生态系统、珍稀濒危野生动植物物种、自然遗迹等,林业自然保护地又划分为国家公园、自然保护区、森林公园、湿地公园、沙漠公园、沙化土地封禁保护区。由此可知,不同的分类标准,森林是有所交叉的,同一片森林在属于国有林场的同时也是人工林、公益林,还可能是国家储备林,甚至还可能被划入自然保护区中。该种情况下,国有林场森林资源资产的有偿使用需要先满足不同森林种类规定的用途范围,再满足国有林场的具体使用办法。也就是说，如果国有林场中包括天然林、公益林、国家公园等，那么先要按照天然林、公益林、国家公园的有偿使用办法实施之后，再按照国有林场的有偿使用办法实施。

国有林场森林资源中，林产品（不包括木材）和非木质林产品可以有偿使用。天然林由于禁伐，林地、活立木以及木材不可有偿使用。公益林中防护林可以有偿使用，但存在公益性和用途管制约束，特殊用途林中的国防林、实验林、母树林、自然保护区由于其不可计量性，仅有林地可以采用不同形式的有偿使用。国家公园、自然保护区、森林公园由于所有权属性、公益性，其有形资产不可有偿使用。在国有森林资源无形资产中，生态服务资产、森林景观资产是可以有偿使用的。科学研究资产由于本身的公益性和森林资源资产不可计量性，在商品林（用材林、薪炭林、经济林）、人工林、企业型国有林场、南方特殊性质林场中可以有偿使用，其他则不可有偿使用。

总体而言，有偿使用的范围包括商品林中用材林、经济林、薪炭林的林地使用权及其产品的使用权、景观使用权、林业碳汇权，及公益林中特种用途、防护林（国防林、实验林、母树林、自然保护区森林除外）的森林景观使用权；南方特殊性质的国有林场参照商品林。木质林产品（不包括木材）和非木质林产品有偿使用的范围包括林副产品采集权、林下经济种养殖权、林业碳汇权。

在不损害现有森林资源、不影响国有林场经营工作的前提下，我们应依托国有林场优良森林资源，大力发展林下经济，调整林场的产业结构，有效盘活森林资源，巩固第一产业，大力发展第二、三产业，重点发展森林旅游业，以提高国有林场自我发展能力。国有林场未来产业发展方向有以下几种：（1）森林管护保护产业；（2）特色经济林种植产业；（3）林下种养殖产业；（4）森林食品饮品产业；（5）森林生物制药产业；（6）苗木花卉产业；（7）木材精深加工产业；（8）森林旅游、休闲、养生产业；（9）野生动植物驯养繁育产业；（10）森林碳汇、森林能源、森林生物质产业；（11）森林文化产业；（12）收缩木材采运业。

（二）森林资源有偿使用主体

依照现行法律规定，要明确国有林场森林资源有偿使用的主体，同时按照森林资源种类、重要程度和区域特殊性，合理划分中央和地方政府对国有林场森林资源资产有偿使用的管理权限，明确主体责任。依据《森林法》《森林法实施条例》的有关规定，进一步确认森林资源所有权与使用权主体。有偿使用主体可分为林业系统主体和系统外部主体，具体主要包含以下几部分：

1. 国有林场

鉴于国有林场原本负责管理经营森林资源资产，并且已经积累了丰富经验，因此可以作为有偿使用主体。改制为自收自支企业类型的林场以及国有森林企业剥离掉政事职能的林场在开展森林资源资产有偿使用时，按照企业对待，不再认为是事业单位。

2. 林场职工

职工通过向林场支付承包费用，承包林地发展自营经济，如种植一些经济树种，实现自我安置，提高经济收入。

3. 社会资源

社会组织或企业只能承包森林的生产经营活动，在签订林地租赁承包合同时，需将经营者所拥有的责、权、利细化，明确规定诸如经营的期限、每年的采伐限额、需要承担的林地养护、抚育任务等，做到职责分明。

依据国有林场森林资源有偿使用的范围可知，国有林场森林资源有偿使用主客体关系如表5－1所示。

表5－1 国有林场森林资源有偿使用主客体关系表

客体 \ 主体	国有林场	林场职工	社会资源（企业/组织/个人）
国有林场林地	√		
国有林场林产品	√	√	
国有林场非木质林产品	√	√	
商品林木质林产品	√	√	
商品林非木质林产品	√	√	
生态服务资产	√	√	√
森林景观资产	√	√	√

国有林场对林地的有偿使用是一种不同于市场的有偿使用，主要以无偿划拨形式使用，其主要任务是保证森林资源资产的保值增值。生态服务资产和森林景观资产不分主体形式，所有主体均可以进行有偿使用，也是可以真正实现有偿使用的客体。对于林场内部职工而言，有偿使用的客体主要是林产品（不包括木材）和非木质林产品、林地的经营权、林木的所有权和处置权。

（三）森林资源有偿使用方式

结合国有林场森林资源资产运营的经验，国有林场森林资源有偿使用方式包括独资经营、股份、合作、转让、租赁、承包、授权经营、划拨等。

独资经营。独资经营是指国家单独出资，由国有林场森林资源资产管理机构履行出资人职责，向林场委派经理人员，实施森林资源资产运营的经营形式。国有独资林场经营产权结构单一，国家是唯一的出资人，履行国有森林资源资产出资人职责的机构可以直接任命林场的经营管理者，还能以向林场派出稽查特派员、委派财务总监等方式监督企业的经营管理，施行政府独立投资的经营方式，如重庆市山王坪喀斯特国家生态公园采取的就是这种形式。这种形式适用重点生态区域或者木材战略储备林场森林资源资产的经营，类似目前的全额预算制林场。

股份。股份是指森林资源的所有权人或使用权人以其森林资源作价入股，或者作为合资、合作造林、经营林木的出资、合作条件的行为。国有林场改制为自收自支企业类型的以及国有森林企业剥离掉政事职能的，可采取作价出资入股方式进行林地资产处置。股份制经营是指国有林场森林资源资产所有者通过与其他主体联合建立股份制林场（或其他形式的股份制企业），企业中的不同所有者主体按照其出资的比例行使所有者权利、承担有限责任。国有林场森林资源资产监管机构向出资企业委派出资人代表，行使所有者权利。例如湖北省宜昌市国有大老岭林场将生态旅游交由鄂旅投公司经营管理，将林场旅游资产评估作价2200多万元，作为市政府股份参与分红，就是采用的这一形式。股份制经营是国有经营性资本最主要的和常见的经营方式，国有林场森林资源资产管理机构可以仅以林木资产出资，也可以连同林地使用权一同投人。仅以林木资产出资时，可凭林地所有者身份向出资企业收取林地地租；从这个意义上来说，国家也可单纯出租国有林场的林地资源，承租单位在不改变土地用途的情况下，自行造林和经营。国家即便考虑从股份公司中退出，调整资本的配置，也只能在林木资本市场上出售立木资产，或者在一般资本市场出售在具体公司持有的股份，依然保持对林地的最终所有和控制，可以继续收取地租。股份制的关键在于建立合理的企业治理结构，同时明确代表国家对企业履行出资人职责。

合作。合作是指国有林场森林资源资产管理机构以林场资源资产的部分或者全部投入与其他主体合作开展的经营项目中，与股份制经营不同，合作经营多数是合同形式实施，不建立新的经营组织，只是以合同约定合作的内容和权益分配。例如近年来在国有林场经常出现的"国合造林"项目，就是国有林场与周边社区以合同约定方式，各自提供己方拥有的林地、种苗、劳力或者其他资本要素，共同造林，约定收益分成。合作经营方式非常灵活，适用范围较广，合作对象可以是自然人，也可以是企业或者社会法人以及其他非法人组织机构。

转让。转让是指将森林资源资产的部分或全部以出售或拍卖的方式有偿转让给其他市场主体经营，同时要转让林地的使用权，期限不能少于一个轮伐期，转让时可采取收取地租或者是林地使用费的形式。受让方要遵守国家森林资源管理的政策法律，接受资源管理部门的监管，不得改变林地的用途。对于一些规模较小、位置偏远，以商品用材林、经济林等经营性资源资产为主的林场可以整体转让，也可对大型林场中部分资产进行转让。外部企业或个人获得国有林经营单位林地使用权主要是采用转让方式。此时林地应作为重大资产处置事项，报授权履行出资人职责的机构批准并进行资产评估后，再采取招标拍卖挂牌的方式进行。

租赁。租赁是指在不改变国有林场森林资源资产所有制性质的前提下，林场森林资源资产管理机构将部分或全部资源资产出租给有关承租人经营。承租人在合同规定范围内对森林资源资产进行自主经营，按期缴纳租金，承担相应法律责任。这种形式多见于宜林地租赁造林或者郁闭林开展林下经济经营，本质上出租的是国有林场的林地资源。从理论上来说，对于成林的森林资源开展旅游开发经营也适用租赁经营模式。按承租人的类别不同，租赁经营可分为个人租赁、合伙租赁、全员租赁和法人租赁。

承包。承包是在坚持林场森林资源资产所有权不变的前提下，按照所有权与经营权分离的原则，以承包经营合同形式，确定国家和企业（林场）间的责、权、利关系，在承包合同范围内，林场自主经营、自负盈亏。这是在当前国有林场森林资源资产经营中普遍应用的形式，既有国家和林场之间的承包经营，也有林场和职工之间的局部承包。林场的承包经营，能够较好地解决林场管理层行政化的缺陷，促使林场管理层由行政领导向专业经理人的角色转变。承包制的基本原则是包死基数（经营性资源资产的价值量和实物量，公益性资源资产的实物量和价值量），确保上缴，超收多留，歉收自补；用材林除了保证总蓄积量、采伐量、价值量外，还要保证林龄结构等，这样就明确了国家和林场以及企业间的责、权、利关系。

授权经营。授权经营是指在不改变国有林场森林资源资产最终所有权和处置权的前提下，国家将森林资源资产委托给大的企业集团或者专业的森林资源经营公司等机构代为经营管理的方式，例如曾在广西壮族自治区出现的商品性林场集团公司，以及重点国有林区的森工企业都属这种情况。由于国有林场森林资源资产的出资人职责委托给了有关组织代为行使，授权经营有时需要增加监管层次。林场与其他被授权方企业签订有关技术、管理、销售、工程承包等方面的合约，取得对该企业的某种管理控制权。

划转方式。划转是指经县级以上人民政府依法批准，在土地使用者缴纳补偿、安置等费用后，取得的国有土地使用权，或者经县级以上人民政府依法批准后无偿取得的国有土地使用权。原有的国有林场林地如果在政府机构、事业单位、国有林场之间进行不改变原用途的有偿使用，采用的方式是划转，即不需办理有偿用地手续，直接办理林地变更登记手续即可。划转后需有偿使用的，划入方应先办理有偿用地手续后，再办理土地变更登记手续。转让、抵押、担保和股份合作等方式需向国家补缴土地出让金。

其他。商品林林地的经营权、林木的所有权和处置权，及林副产品采集权、林下种养权、森林景观使用权、林业碳汇权等的有偿使用可由出让方和受让方合同约定。

（四）森林资源有偿使用交易程序

1. 规范森林资源有偿使用程序

只有做到有效规范国有林场森林资源资产有偿使用行为，我们才能维护国有森林资源安全和可持续发展。针对不同的国有林场林地，需要先进行顶层设计，划分区域用于经营，在充分保护自然资源的前提下引入有偿使用机制。尤其对于生态服务资产和森林景观资产的有偿使用，需要引入第三方专业评估企业，对可以进行有偿使用的森林资源进行价值评估，进而指导市场价格，经政府批准后再进行开发利用。规范化的森林资源有偿使用流程如图5-2所示。

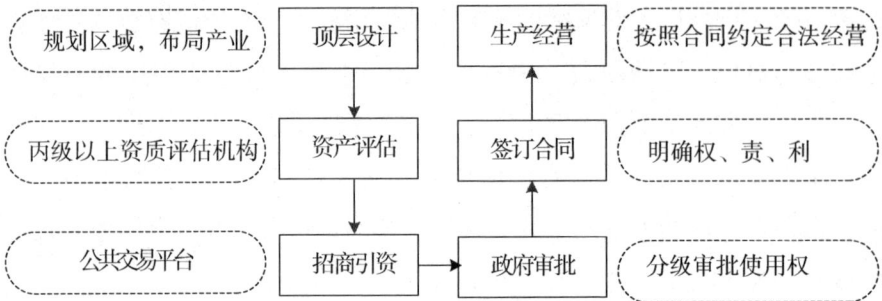

```
规划区域，布局产业   顶层设计        生产经营    按照合同约定合法经营
丙级以上资质评估机构  资产评估        签订合同    明确权、责、利
公共交易平台        招商引资  →  政府审批   分级审批使用权
```

图 5 - 2 国有林场森林资源有偿使用流程

首先，国有林场依据《森林法》，制定森林资源资产有偿使用管理办法，确保国有森林资源资产有偿使用有法可依、有章可循。由政府部门与国有林场共同规划国有林场有偿使用的区域，布局产业结构，选择试点区域。其次，规范资产评估程序，聘请丙级以上资质的评估机构进行评估，保障森林资源有偿使用主体的合法权益。简化评估程序、着力降低评估费用，提高林业基层开展资产评估的积极性。第三，为防止市场垄断和不正当的竞争行为，排除政府权力的不正当干预，国有林场应采用公开交易形式，使用公共交易平台进行招标投标，确保有偿使用程序在自愿、等价、互惠的基础上进行。第四，在森林资源有偿使用中，国有林场需要建立分级管理的森林资源有偿使用审批制度，由省级林业主管部门负责国有林场国有森林和林地有偿使用的批准，由地方政府及国有林场负责对有偿使用主体经营方案的审批。第五，森林景观使用权、林副产品采集权、林下种养权、林业碳汇权等的有偿使用可由出让方和受让方按照合同约定。在合同中需明确有偿使用期限、范围、使用主体、方式、收入分配和各自权责等，同时，针对开发利用程度不同的利用模式，应配套设计不同的有偿使用标准，针对可能对环境造成破坏的利用模式和行为，应附加生态服务支付和社会责任承诺。最后，有偿使用主体依据审批通过的方案进行合法经营。切实加强国有林场森林资源有偿使用监管，依法依规惩处国有林场森林资源有偿使用过程的违法

违规行为。

2. 理清森林资源有偿使用利益分配

在有偿使用的利益分配方面，对于事业型国有林场，应该严格实行"收支两条线"管理，国有林场森林资源属国家资产，收入归国家所有，上缴地方财政。财政收入反哺林业，实现利益合理分配，用于扩大再生产、提高基础设施建设、提高管护水平、提高国有林场职工收入，形成良性循环。具体分配方式如图 5－3 所示。

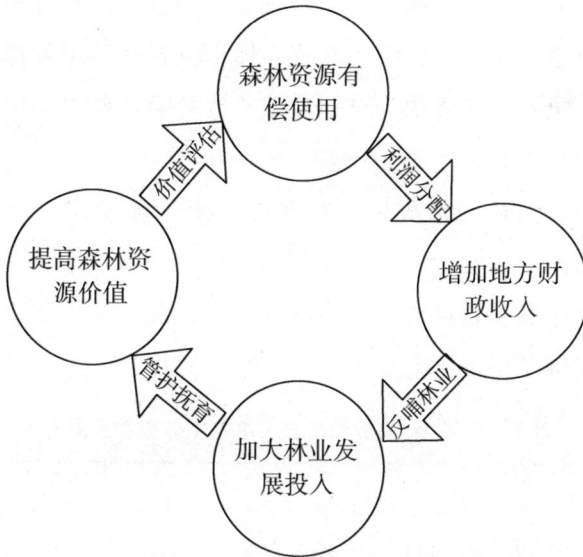

图 5－3　森林资源有偿使用良性循环示意图

（五）森林资源有偿使用机制实施途径

1. 积极发展森林旅游/森林康养

党的十八届五中全会提出了"健康中国"的口号，"森林康养"成为时代的发展潮流和趋势。随着我国逐步迈进老龄化社会、环境污染加重、生活压力加大等因素的影响，特别是在当前我国经济转型升级的新常态下，将卫生、养老、旅游、文化、体育及娱乐等多种跨行业元素集于一身的森林康养，必将成为全面建成小康社会和健康中国重要的新增长点。

国有林场自然环境保护好，空气中负离子含量高，动植物资源丰富，远离城市污染和噪音干扰，发展森林旅游、森林康养具有较强的生态资源优势。在发展森林旅游、森林康养时，我们需先明确各个参与主体的权利和义务，保证国有资产不受损害。具体规定如表 5 - 2 所示。

表 5 - 2　森林旅游/康养产业参与主体权利及义务

参与主体	权　利	义　务
国有林场	①审批权。审批通过企业经营发展方案。 ②执法权。与企业签订《国有林场生态保护管理协议》，监督企业经营过程是否对森林有破坏行为，如有则予以处罚。 ③收益权。与企业签订租赁/特许经营合同，获取合同协定的经营利润。	①对国有林场森林资源的进行管护、抚育，保证国有林场森林资源不受损害。 ②获得利润全额上缴同级财政，安排用于国有林场森林资源保护和基础设施建设。 ③合理安排收益，尤其是提高管护人员收入水平。

续表

参与主体	权 利	义 务
旅游类企业	①前期投资享受政府补贴。 ②利用森林资源经营森林旅游/康养，并获取收益。	①按照合同规定按比例与林场分成。 ②林场内部建设活动须经林场批准后方可实施。
第三方评估机构	获取评估工作的报酬。	公正评估国有林场森林资源资产，接受林场、企业与政府的监督。
政 府	①监督权。监督有偿使用全过程。 ②收益权。获取林场取得的收入。	①提供前期投入资金，完善自然景观基础设施建设，制定优惠政策。 ②将获取的收入反哺林业，将收入60%作为林场发展资金，40%用于绩效考核。

森林旅游/森林康养的具体发展措施为：

第一，加大建设和管理资金的投入，完善基础设施建设。政府应积极把握社会公众日益增长的户外游憩需求，加大对国有林场中森林公园、自然保护区、旅游小区、湿地公园等森林旅游景区的基础设施建设投资。要拓宽投资渠道、采用灵活的方式招商引资，广泛吸收各方面的资金，特别是要创造条件吸引外资，增加建设和管理资金的投入，从而加快森林旅游景区的开发建设。

第二，加强政府宏观管理，处理好资源开发与保护之间的关系。各级政府部门在制定森林旅游开发建设方案时，要科学合理、切实可行，尽量保持森林风景的自然特色，并制定相关的保护措施。同时，应加强环境监控，严格控制游人数量，尽量减少旅游活动对森林及其环境的负面效应，处理好资源开发与保护之间的关系。

第三，科学规划，合理布局，围绕森林观光游览，实现国有林场森林旅游产品深度开发。要体现资源特色，适应市场变化，要以市场为导向，制定森林旅游产品开发战略，并根据资源地理区位及交通等因素设计最佳旅游线路，坚持规划科学、布局合理、方便游客、突出特色、功能齐全的原则。

第四，提高森林休闲旅游产业的信息技术含量。网络信息技术是森林休闲旅游产业发展的重要技术手段和工作平台。森林旅游景区要充分利用网络技术，通过网络渠道将景区优美的自然环境和高品质的景观资源信息传递给消费者，吸引游客前来。积极发展旅游电子商务将极大地方便休闲旅游者的行程安排，也能拓展森林旅游业发展的空间。

2. 科学发展林下经济

发展林下经济，能够使国有林场的资源和空间得到充分利用，从而提高国有林场整体经济效益。林下经济的发展模式主要包括园林资源型林下经济、能源型林下经济、畜牧业型林下经济、林菌型林下经济和林药型林下经济等。林下经济产业参与主体主要有三类：分别为政府相关机构、国有林场以及林场职工。此三者的职责划分如图5-4所示。

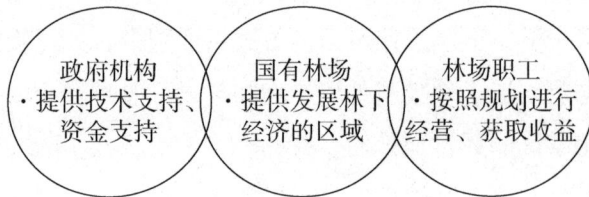

政府机构
·提供技术支持、资金支持

国有林场
·提供发展林下经济的区域

林场职工
·按照规划进行经营、获取收益

图5-4 林下经济产业参与主体职责划分

现阶段，我国对林下经济缺乏整体的布局与规划，林下经济发展尚未形成完整的产业链。发展林下经济是一项复杂的系统工程，其形式多样、内容复杂，国有林场要根据实际情况科学选择突破口。其具体措施为：

第一，不断完善管理机制，加强领导责任制。首先，国有林场要不断完善管理机制，确保发挥国有林场的森林保护职能。其次，可采用转让承包制度，将林下资源的经营权有偿转让给林场内有管理经营能力的员工，由其对所承包经营管理的林下资源承担管理经营责任，促进林场员工参与林下经济发展的积极性和主动性。

第二，科学规划，加大技术培训。国有林场要根据自身实际情况进行科学合理的规划与布局，不断探索适合国有林场的林下经济发展模式，使林下经济综合效益不断提高。同时，国有林场要组织林场员工开展技术培训，就林下经济的关键技术问题进行现场指导和授课，及时解决在生产过程中出现的一些技术难题。

第三，尝试采用"采摘许可证"。国有林场对不同的林下经济作物要尝试不同的管理方法，如对林副产品（林木的根、叶、花、果、皮、树液、树脂和树胶等，以及林木的寄生物虫瘿、菌类等）可以尝试采用"采摘许可证"的方法。同时，要依照可持续发展的基本原则，确定国有林场年采摘量，并从几个不同的维度（如采摘准入条件、采摘频度）来确定采摘价格。

第四，加强监督管理。国有林场对承包经营的职工进行定期考核，制定考核办法，把林下经营区域内森林资源数量消长、质量变化和保护管理情况等作为考核林下经济的重要内容和重要指标。未经合法手续不得变更林地用途，不得破坏森林野生动植物资源，不得超过规定数量进行林下的种养殖等，一旦发现将收回其林地的承包经营权，情节严重的予以罚款。

第五，分步实施，试点实验。不同林场要针对自身实际，探索适合自己的林下经济发展道路。因此很难有统一的标准规定林场的林下经济的类型、区域、数量等，这需要林场不断研究和尝试。国有林场要鼓励采取试点先行，分步实施，试点成功以后再进行稍大范围的推广。此外，国有林场必须在不破坏森林资源的前提下开展实际行动。

六、国有林场森林资源监管机制

　　广义的森林资源是指以多年生木本植物为主体，包括以森林环境为生存条件的林内动物、植物、微生物等在内的生物资源和依托森林存在的非生物资源。森林资源主要有三类：即森林生物资源（包括森林、林木以及以森林为依托生存的动物、植物、微生物等资源）；森林土地资源（包括有林地、疏林地、宜林荒山荒地、湿地、水域等）；森林环境资源（包括森林景观资源和森林生态资源）。狭义的森林资源则是指以乔木为主体的森林植物组成部分。

　　森林资源监管是指森林资源监督组织和监督者依照有关法律法规和政策的要求，采用相应的监督手段对被监督地区、单位森林资源的消长、林政管理和森林资源经营利用的全过程等进行指导、检查和督促的行为，其本质是森林资源监督。国有林场森林资源监督管理是中国特色森林资源管理体系的重要组成部分。

（一）森林资源监管体系

1. 健全森林资源监督组织体系

我国现行的国有林场森林资源监督机构是实行"三段式"派驻的模式，即国家林业局向有关省（区）派驻森林资源监督机构；省级林业主管部门向所辖林业局派驻森林资源监督机构；地方林业局向所属林场或相关单位派驻森林资源监督机构。每一级资源管理部门都有一相同行政级别的、相对独立的监督机构对其进行监督。

目前，国家林业局共向地方派驻了 15 个森林资源监督机构，每个监督机构分别负责 1~4 个省（自治区、直辖市），尽管覆盖范围实现了除港澳台地区以外的全覆盖，但由于基层监督机构与国有林场之间仍存在一定的联系，客观上存在着行政执法资格虚置、执法主体含糊、监管难度大等问题，导致基层监督机构无法独立、有效地行使其监督权。

如图 6-1 所示，我们建议建立健全国有林场森林资源分级监管体系，设置省级（省、直辖市、自治区）、市级、基层三级监督机构。国家林业和草原局派驻各地的森林资源监督机构是对各派驻地区、单位森林资源管理和利用行为实施监督的专门机构，其主要职能：一是监督管理行为；二是开展督查执法；三是提出调控建议；四是反馈报告情况。具体来说，其职能就是负责监督区域内的森林资源和林政管理，保护、发展森林资源目标责任制的建立和执行，负责审核有关执行情况的报告；规范监督区域内各级林业主管部门的森林资源管理行为，确保国家有关森林资源监督保护的政策法规落到实处，加强森林资源管理重大问题调研，加大森林资源管理宣传力度，开展多种形式的培训，全面提升森林资源管理能力。

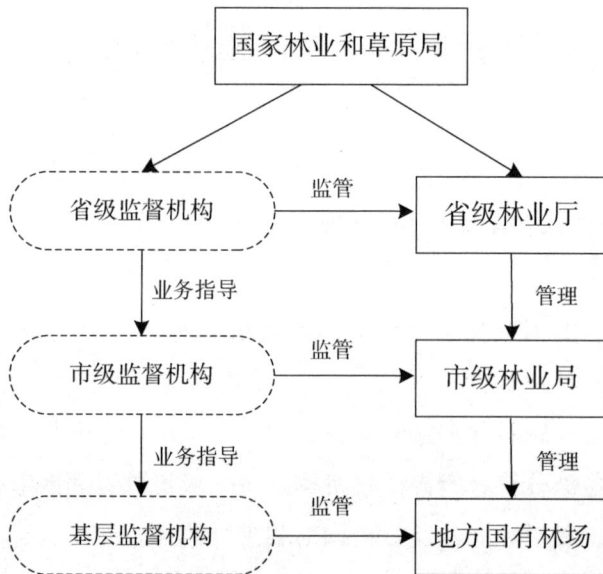

图 6-1　国有林场森林资源监管体系

2. 建立森林资源监测体系

林地是林业生产的物质基础，将国有林场林地划入生态红线，并严格管控，严禁林地"非林化"。按照《森林法》《占用征用林地审核审批管理规范》等有关规定，国有林场要严格执行征占用林地审批制度，杜绝各种违法、违规侵占林地的现象发生。同时，实现占补平衡、占一还一，确保林地资源总量平衡。要加强林地管理，提高资源动态监测能力，在监督的方法手段和措施方面，增加森林资源监督工作的科技含量，提高监督工作实效性，加强森林资源监督法制建设，为森林资源监督营造良好的政策法制环境。

（1）加快林地"一张图"建设

更新林场管护设施、设备，推进林业现代化建设进程，通过建立地理信息系统（GIS）以及地面重要森林资源位置定点视频监控系统，完善和更新地方及全国国有林场森林资源数据库，提高森林资源监测效率、质量和水平，科学预防林地侵占、林木盗挖、森林防火、病虫害等。逐步建立覆盖全国的国有林场森林资源管理信息系统，实现森林资源信息化管理，有效遏制"林地蚕食"现象。

（2）加强林地征占用审核管理

规范建设项目使用林地以及在林业部门管理的自然保护区、沙化土地封禁保护区建设审批（核）事项审批工作。严格执行《建设项目使用林地审核审批管理办法》，从严控制一般建设项目使用林地，强化林地定额管理。继续推进政务公开，省、市、县审核审批项目全部上网，实行网上审批与纸质审批并行办理，提高审批效率。

3. 创新推动森林资源执法和监督工作

（1）强化森林资源执法

严厉打击违法占用林地、毁林开荒、毁林采石、乱砍滥伐等违法犯罪行为，强化破坏森林资源重大案件的查处和整改，强化破坏林地和森林资源责任追究制度，建立健全分级通报、分级约谈、分级督办的案件督办机制。

（2）创新森林资源监督模式

建立跨部门联动监督机制，创新完善监督手段和途径。积极开展例行督察，对重点市、县开展解剖式督查行动，强化对重点区域、重点领域的监督检查力度。

（二）购买服务监管机制

购买服务监管机制主要从引入机制、监管和评价机制、退出机制三个方面展开论述。大致内容如图6－2所示。

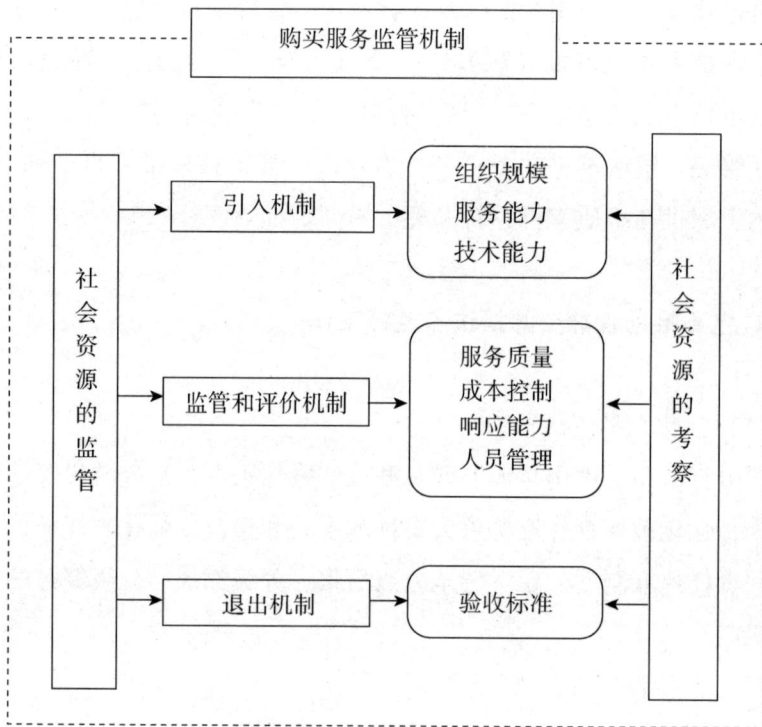

图6－2 购买服务市场监管机制

1. 社会资源的引入机制

在社会资源引入过程中，国有林场要对社会资源进行一定的监管，保证产品和服务的质量达到林场的要求，同时建立完善的评估体系，确保社会资源评估工作的公正和有效。国有林场和社会资源应遵守相关的法律、法规、政策和行业协定，完成约定的交易，在此过程中，应甄别社会资源的组织规模、服务能力以及技术能力等。

（1）组织规模

组织规模的大小直接影响成本，社会资源的规模越大，形成的规模效应越显著，越能降低成本。

（2）服务能力

服务能力决定服务质量，社会资源的服务能力越大，越可以在提供服务的同时，帮助国有林场在造林、抚育和管护等方面提出更加优化的解决方案。

（3）技术能力

合格的社会资源必然要在某一领域拥有有效的技术能力，例如在公益林管护方面，国有林场应要求社会资源提供公益林管护资格凭证等相关技术能力证明。

2. 社会资源的监管和评价机制

国有林场在引入社会资源后，要对社会资源进行全面监管和绩效评价，以利于进一步改进、提高服务质量。其监管及评价具体包括以下几个方面：

（1）服务质量

服务质量是国有林场评价社会资源引入效果的重要因素，社会资源承担的服务内容不同，对服务质量的评价标准也有所不同，例如在国有林场公益林管护中引入社会资源，需要以合同的方式对公益林的管护质量进行有效评价和监督。

（2）成本控制

降低成本是国有林场实行社会资源引入的重要原因之一，可利用公开招标方式，在考虑各个社会资源投标金额的基础上，设立、选择和确定最佳方案。

（3）响应能力

社会资源向国有林场提供服务时表现出来的态度也是绩效评价的一个重要因素，其中包括社会资源提供服务的一些软指标，例如工作熟练程度，在突发事件中的应变能力等。例如在森林火灾突发情况下，社会资源的处理态度与应变能力就尤为重要。

（4）人员管理

国有林场引入社会资源后，需要对社会资源进行培训与考核，实施规范管理。社会资源应遵守林场相关的规章制度，以及相关业务的具体要求。

3. 社会资源的退出机制

国有林场对社会资源实施优胜劣汰，提高服务供给水平。在监管和评价中，若出现不符合合同要求或验收不合格的，可以给予整改机会，如整改达不到要求，应退出服务。

（三）有偿使用监管机制

完善国有林场森林资源有偿使用监管机制，创新监管方式和方法，健全责任追究机制，实现对国有林场森林资源有偿使用全程动态有效监管，是确保严格保护和合理利用资源、维护国家所有者权益等各项要求

落到实处的一项重要工作。本研究建立森林资源有偿使用监管机制如图
6-3所示。

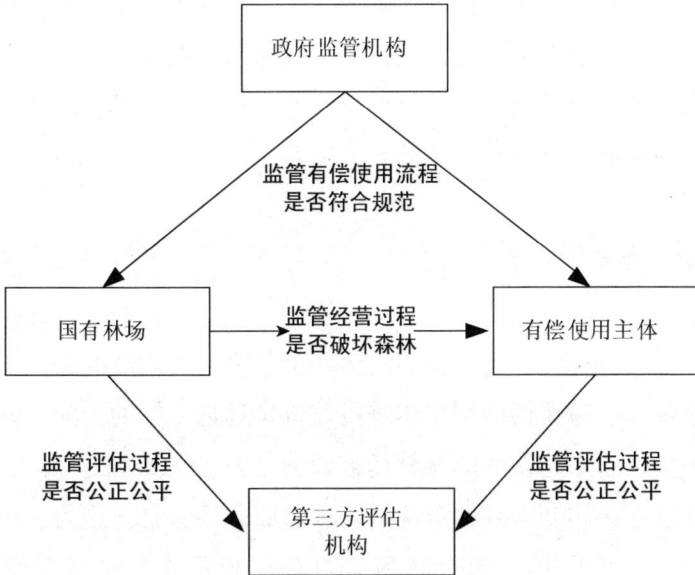

```
              ┌──────────────┐
              │  政府监管机构  │
              └──────────────┘
                     │
            监管有偿使用流程
            是否符合规范
          ↙                  ↘
┌──────────┐  监管经营过程   ┌──────────────┐
│  国有林场  │ ─是否破坏森林→ │  有偿使用主体  │
└──────────┘                └──────────────┘
       ↘                          ↙
监管评估过程          监管评估过程
是否公正公平          是否公正公平
          ↘  ┌──────────┐  ↙
             │ 第三方评估 │
             │   机构     │
             └──────────┘
```

图6-3 森林资源有偿使用市场监管机制

1. 设立国有林场森林资源政府监管机构

建议以省级林业部门为主，设立国有林场森林资源监管机构，对于
区市（州）是否有必要单独设立国有林场森林资源监管机构可视具体
情况而定，如果国有林场数量较多，则考虑单独设立。国有林场森林资
源由省级森林资源监管机构进行监管，监管机构依法对国有林场森林资
源资产监管工作给予指导和监督。监管机构与国有林场之间实行森林资
源所有权与经营权分离。国有林场享有相关法律、行政法规规定的经营
自主权，监管机构应当支持林场依法自主经营，除履行出资人职责外，
不得干预林场的生产经营活动。同时，林场以及引入的社会资源应当努

力提高经济效益，对其依法经营的森林资源资产承担保值增值责任，接受监管机构依法实施的监督管理，比如招投标过程是否公开透明、签署的合同是否规范、有偿使用的形式内容是否合理等，不得损害森林资源资产所有者和其他出资人的合法权益。政府监管机构可通过制定考核办法，把森林资源数量消长、质量变化和保护管理情况等作为考核国有林场的重要内容和国有林场改革验收的重要指标。

2. 确立国有林场监督执法权

国有林场森林资源有偿使用，势必会带来管护难度的加大，仅仅依靠政府监管部门对有偿使用主体进行监督是远远不够的。随着国有林场改制的加快，越来越多的国有林场被划分为公益一类事业单位，国有林场的定位也逐步转变为森林资源的管理者而非经营者。作为森林资源管护经验最丰富的主体，国有林场应当有权利及义务对有偿使用主体（企业和个人）的生产经营过程进行动态监督。我们应加快国有林场监督执法权的确立，确保有偿使用主体在努力提高经济效益的同时对其依法经营的森林资源资产承担保值增值责任，接受国有林场依法实施的监督管理，防止产生任何破坏森林资源的行为。

3. 完善有偿使用价格评估监管机制

第三方评估机构应当按照公开、公平、公正和竞争择优的要求，明确国有林场森林资源资产有偿使用准入条件、方式和程序。同时，要完善有偿使用价格评估方法及评估结果审核、确认机制，建立健全有偿使用信息公开制度，逐步将国有林场森林资源价值评估结果纳入统一公共资源交易平台，自觉接受国有林场和有偿使用主体的监督，确保国家所有者权益得到充分有效地实现。

七、国有林场人员管理机制

国有林场的人员管理机制主要是解决职工安置与分流的问题，本研究从绩效激励机制、权利保障机制、身份转换机制和经济补偿机制四个方面展开论述。大致内容如图 7-1 所示。

（一）国有林场人员的绩效激励机制

在引入社会资源之后，国有林场需要建立健全其人员的绩效激励机制，激发原有职工的积极性和创造性，有效地协调人力资源个人目标和组织目标之间的关系，实现国有林场的可持续经营。第一，实行绩效考核的激励机制，通过民主程序在国有林场内部或者社会公开竞聘，使林场职工收益与绩效挂钩，收入构成中除了基本工资之外设置绩效工资，以充分调动职工的工作积极性。第二，实行薪酬激励机制，国有林场可以通过合理的奖金、补贴等再分配制度，适当拉开收入差距，激发员工积极性，形成内部竞争，还可以引入期权的激励方式，将林场的经营业绩与森林资源的生态保护纳入激励指标体系，通过对核心员工的长期激励，挖掘人力资源的潜力，在追求经济利益最大化的同时兼顾国有林场的生态效益，使薪酬向关键职位、核心人才倾斜，提高林场的人才吸引

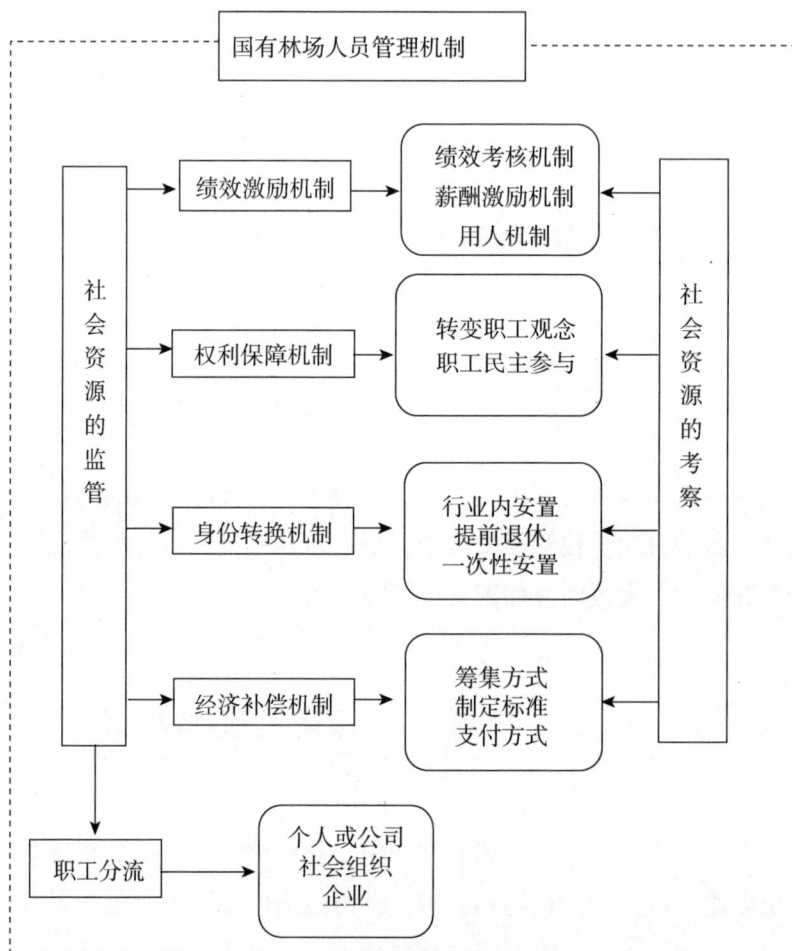

图 7-1 国有林场的人员管理机制

力。第三,建立公开公平、竞争择优的用人机制,营造良好的人才发展环境,适当放宽艰苦地区国有林场专业技术职务评聘条件,适当提高国有林场林业技能岗位结构比例,改善人员结构。

（二）国有林场职工的权利保障机制

国有林场森林资源管理机制的构建是一项涉及面广、工作难度大、政策性强的系统工程。其中，妥善解决职工安置问题是重中之重，主要包括如何精简人员、如何解决历史拖欠工资以及如何推动职工再就业等问题。国有林场要通过多方式、多渠道，充分利用国家和省、市有关职工安置的政策妥善安置职工。在机制构建中，国有林场不仅要充分调动广大职工参与的积极性，还要切实维护职工的合法权益，以维护社会稳定。

1. 转变职工思想观念

新机制的构建使得一部分职工脱离了原有国有林场员工身份，因此要转变职工思想观念，针对新机制中的职工疑虑，国有林场在改革之初就应把目前经营状况、面临的市场形势如实地告诉职工，让职工理解新机制的必要性，使职工支持、参与新机制建设；同时把政府给予林场新机制的优惠政策和发展机遇向职工讲明讲透，使职工充分认识到新机制实施前的深层次矛盾和困难以及新机制实施后减负轻装闯市场的优势，并向全体职工承诺新机制首先会以维护职工权益为原则，决不会以牺牲职工利益为代价，只有让职工明确新机制的目的及优点，才能使其在思想和行动上自觉地支持国有林场新机制改革。

2. 职工民主参与

国有林场在其森林资源管理机制构建过程中，应坚持向职工公开林场新机制的方案、程序步骤、职工安置、经济补偿以及社会保障等重大事项，接受职工群众的监督，切实保障职工群众的知情权、参与权、决定权和监督权，应在"制定前"征求职工意见，在"制定中"让职工参与决策，在"制定后"由职工代表大会审议通过，取得职工的理解和支持，促使林场新机制依法规范运作。此外，国有林场要与职工共同协商确定劳动合同的期限、内部退养等问题，尊重职工的自由选择权利。

（三）国有林场职工的身份转换机制

国有林场要严格按照有关法律法规和政策，处理好与职工的劳动关系，要在平等协商一致的基础上，确立国有林场职工的身份转换机制。对继续留用的职工，重新签订劳动合同，明确双方的权利和义务，包括工资和福利待遇等；对解除劳动合同且不再继续留用的职工，要支付经济补偿金。国有林场通过职工身份转换机制，能解决林场对职工承担的无限责任，而在具体操作过程中，要根据不同地区、不同类型的林场以及不同对象的实际情况采取不同方式进行身份转换。

1. 系统内和行业内安置

这样做的好处是：一方面可以给职工的再就业提供一条较好的出路，避免社会不稳定；另一方面，由于这些职工对本行业的工作较为熟悉，吸收这部分职工，避免了从社会上招聘后再培训的麻烦。

2. 采取提前退休的方法

按照国家有关规定，部分从事特殊工种及因病或非工致残完全丧失劳动能力的职工，可以办理提前退休手续，其待遇按国家有关规定适当减发。

3. 采取一次性安置的办法

将国有林场森林资源有偿使用所得的资金用于一次性安置职工，也叫"工龄买断"。目前，很多国有林场一般采用此安置方法。

（四）国有林场职工的经济补偿机制

1. 职工经济补偿金的筹集

国有林场推行新机制后，对于进入社会统筹、内部退养和调离林场的职工，原则上要一次付清已经确认的拖欠职工的工资、集资款、医疗费以及国有林场欠缴的社会保险费。效益较好的国有林场，按政策提取的职工福利尚有结余的，应尽快结算给林场职工；有些国有林场确有困难暂不能结算的，应在征得职工同意的情况下，签订延期偿还协议。

对于经营效益较好的国有林场，其经济补偿金在森林资源有偿使用获利中优先解决，以现金或资产形式补偿量化到个人。对于经营效益不好的国有林场，可采取以下办法：（1）出售闲置资产的兑现资金来解决；（2）可将行政划拨地变为出让地，用部分或全部土地使用权按土地评估价值弥补；（3）用政府返还林场的国有划拨土地使用权出让金以及税费支付林场职工安置补偿的不足部分；（4）由地方政府通过现有的财政收入或争取上一级政府转移财政支付，也可由国家出台相应政策，允许地方发行债券筹集解决。

2. 经济补偿金发放标准的制定

一是对新机制实施后离开国有林场的人员，解除劳动关系，用现金支付经济补偿金，执行国家天然林资源保护工程一次性安置富余职工政策标准。

二是对新机制实施后仍留在国有林场的人员，对职工劳动关系进行转换，但不支付经济补偿金。由国有林场与员工签订劳动合同，工龄连续计算，待国有林场解除或终止员工劳动合同和员工自愿离开国有林场时按规定给予补偿。

三是按规定不能解除劳动关系的工伤、生病、内退人员，不解除劳动关系，保留原国有林场职工身份，其费用由国有林场承担。

3. 经济补偿金支付形式的确定

（1）现金支付方式

这是指职工理顺劳动关系时的一次性补偿，免缴个人所得税。现金支付形式对于现金充裕的国有林场比较适用，具有一次性和彻底性。但是现金支付方式会导致国有林场现金结余大幅减少，不利于国有林场的后续绩效管理，降低了国有林场抵御风险的能力，一旦在交易中出现突发事件，就会导致资金周转不畅、陷入危机。

（2）职工股权支付方式

在理顺劳动关系前，国有林场欠发的职工工资可转化为职工股权。国有林场所欠职工集资款、抵押金，无力以现金偿还时，在职工自愿前提下可转变为职工股权，参与重组。

（3）债权支付方式

国有林场拖欠职工集资款、抵押金，无力以现金偿还时，在职工自愿的前提下可继续保留为职工债权，并由国有林场与职工签订协议书。对于支付能力较差的国有林场，债权支付方式可以缓解国有林场的资金支付压力。债权支付方式适用的前提是国有林场和职工签订了有效的借贷合同，对约定还款付息的条件和期限等进行了明确的约定。

八、国有林场森林资源管理机制保障措施

（一）细化森林资源管理

2015年全国林业调查报告显示，截止到2014年，仅全国林地占用征收就包括以下四个方面的短板：一是政府主导的土地整理和建设工业园区对林地保护管理造成严重威胁，根据全国林地检查结果，有6个省（自治区）查出49个土地整理项目，面积1295.8公顷；二是为规避林地审核，地方政府人为调整林地保护利用规划；三是林业主管部门违法项目未依法处理就违规进行审核（批）等问题；四是地方自查不实。因此，我们建议要细化国有林场资源管理，完善国有林场林地资源变更调查的国家、省、县各级林业部门分工协作、多级联动、层层把控工作机制，在地方林地和森林资源管理档案等资料的基础上，通过技术部门对林地进行对照判别分析，结合实地调研核实的调查方法，将林地和森林转入转出的变化乃至森林资源状况的变化更新到林地"一张图"上。如此，就能够实时掌握森林资源变化情况，及时采取相关措施，有效遏制"林地蚕食"。

（二）强化基础设施建设

各级政府应将国有林场发展纳入当地经济社会发展规划，将国有林场基础设施建设纳入同级政府建设计划，按照支出责任和财务隶属关系，在现有专项资金渠道内，加大对基础设施建设的投入。为此，我们建议：一是将国有林场供电、饮水安全、管护站点用房、森林防火、有害生物防治等基础设施建设纳入同级政府建设规划统筹安排，加大投入力度；二是加大对国有林场道路建设、管理和养护的支持力度，将国有林场道路按属性纳入相关公路网规划，统筹安排好国有林场道路建设和养护计划；三是国有林场要推进生态移民，将位于生态环境极为脆弱、不宜人居的场部逐步就近搬迁到小城镇，提高与城镇发展的融合度；四是加快推进林业信息化建设，建设智慧林业、数字林业，提高生态保护建设的科技支撑能力。

（三）提高生态补偿标准

国有林场必须继续全面深入推进森林生态效益补偿制度建设，逐步扩大生态补偿的范围和种类，将已划定的各类自然保护区、森林公园和城市森林等纳入森林生态补偿范围。对于国家层面，我们建议按照全国平均收入水平和平均技术条件，统一提高国有国家级公益林基本补偿标准。根据目前的技术条件，每位护林员大约可以管护 2000 亩林地，按照 2015 年全国城镇单位就业人员平均工资 62029 元来计算，大致可算出目前的公益林补偿标准为每亩每年 31 元左右较为合理。省级财政可根据各地具体情况，适当调整本地生态公益林补偿规模，并应充分考虑不同地区林场发展状况，从管护难度（如是否修建栈道/地形地貌情况/护林人安全情况）、管护成本（如交通工具损耗/管护设备价格/其他物品损耗）、森林价值（如林木品种/活立木蓄积量/生态服务价值）等多个方面考虑制定差别化省级补偿标准，且对生态公益林补偿资金使用情况和具体效果进行有效监管，确保生态公益林补偿资金执行到位、专款专用。

（四）加快林场体制改制

为坚持国有林场改革公益导向，将国有林场主要功能定位于保护培育森林资源、维护国土生态安全和提供生态公益服务，我们可依据具体情况将事业单位性质的国有林场划分为公益一类和公益二类。对生态功能重要的区位、条件艰苦的偏远地区等逐步划入公益一类；对具备一定经营条件的国有林场应给予适当的自主经营权，可划入公益二类。对于公益一类，建议从以下几个方面开展具体工作：第一，强化省级国有林场管理机构，由省林业厅统一规划全省公益一类数量和人员编制。第二，根据机构精简和规模经营的原则，进行国有林场优化整合，各国有林场分别核定事业编制，落实国有林场全员参保。第三，推进政事分开、事企分开，理顺政府、事业单位与企业间的关系，采取多样化处置方式，将国有林场所办企业或经营活动与国有林场分离，逐步推向社会化、市场化。第四，设立国有林场发展基金，用于弥补经费不足，促进国有林场健康持续发展。

（五）加大金融支持力度

　　长期以来，财政补贴不足、市场限制较多等现实条件在很大程度上制约了国有林场的发展，部分国有林场积累了大量呆账、坏账，负债情况十分严峻，这迫切需要我们加大对国有林场金融支持力度，解决国有林场森林资源管理机制的资金瓶颈问题。因此，我们建议：一是分类化解国有林场金融机构债务。正常类金融债务，到期后依法偿还；国有林场因营造公益林产生的不良债务，由中国银监会、财政部、国家林业局等有关部门制定化解政策；其他不良债务，采取贷款展期等方式进行债务重组。符合呆账核销条件的，按规定核销。国有林场不良金融债务，由中国银监会、财政部、国家林业局等有关部门制定化解政策，报国务院批准后实施。二是加大国有林场信贷投入。开发适合国有林场特点的信贷产品，完善林业贷款中央财政贴息政策，完善信贷担保方式，拓宽林业融资渠道，积极发展国有林场职工小额贷款。以上两项"一减一加"的金融支持政策，将为国有林场卸下沉重的债务包袱，破解金融资本进入国有林场的难题，激发国有林场的发展活力。

九、未来方向与展望

（一）实现国有林资源一体化管理

　　国有林场是我国生态修复和建设的重要力量，是维护国家生态安全最重要的基础设施，在大规模造林绿化和森林资源经营管理工作中取得了巨大成就，为保护国家生态安全、提升人民生态福祉、促进绿色发展、应对气候变化发挥了重要作用。从历史发展情况来看，我国的国有林场是从新中国成立的初期开始，国家为加快森林资源的培育，保护和改善环境，在重点生态脆弱地区和大面积集中连片的国有荒山荒地上，采取国家投资的方式，通过人工造林的方式，陆续建立起来的专门从事营造林和森林管护的林业基层单位。国有林场按经营面积划分为大型、中型和小型林场；按管理体制划分为省、市和县属林场；按林场所处的地形划分为山区、丘陵区、平原区、风沙区、湖区和海滩区林场等。国有林场的林地、林木等全部生产资料和产品都是国家财产，当前国有林场的主要任务是扩大森林资源，提高森林质量，充分发挥国有林地生产潜力，提高生态、社会和经济效益。

　　国有林区是我国重要的生态安全屏障和森林资源培育战略基地，是维护国家生态安全最重要的基础设施，在经济社会发展和生态文明建设中发挥着不可替代的重要作用。从历史发展来看，新中国成立初期，为满足国民经济建设对木材等森林资源的需求，支援国家经济建设，国家收归了大森林、大荒山、大水田归国家所有，陆续在东北、西南、西北9省区集中连片的林区建立了138个国有林业局，围绕国有森工企业的木材生产，同时建设了与木材生产相关的运输、加工、化工、机械、建筑等企业。国有林区内的林业生产以国家投资为主，包括森林资源的保护与培育、森林采伐，以及森林资源为基础的风景区和旅游区建设等。因此，国有林区是一个巨大的社会系统，它是在一定国有森林地域范围内，以从事森林生产经营活动为主的社会群体和社会组织，根据一定的规范和制度组合而成的社会实体。国有林区不属于本研究的范畴，但在很多方面与国有林场具有较强的相似性，例如国有林区也可以通过购买服务的方式对国有林区的国有林资源实施市场化管理，国有林区的职工也面临着与国有林场职工类似的诸多问题，等等。

经过六七十年的发展，目前国有林场和国有林区都已经得到了长足的发展。2015年3月17日，中共中央、国务院印发了《国有林场改革方案》《国有林区改革指导意见》，为国有林场和国有林区改革提出了行动指南。经过三年多的时间，国有林场和国有林区在国有林管理体制改革方面取得了较大成绩，但国有林资源分散管理的局面一直制约着我国国有林管理体制改革进程。

可见，由于历史原因，目前国有林资源分别归国有林场和国有林区管理，国有林场和国有林区在国有林资源管理中形成了多头管理的局面。本研究是从国有林场的角度对国有林场的购买服务机制、有偿使用机制、监管机制以及人员管理机制进行了研究，这是研究国有林管理的一个重要方面。未来，本研究将从国有林场管理体制和国有林区管理体制两个方面，对我国国有林管理体制改革现状进行梳理和分析，对《国有林场改革方案》《国有林区改革指导意见》贯彻实施效果进行评价，并在此基础上将国有林场和国有林区的功能定位进行整合，由国家实施统筹管理，实现国有林资源一体化管理。

（二）构建国有林一体化管理体制

实现国有林资源一体化管理，必须构建国有林一体化管理体制。本研究对国有林场的管理体制进行了研究，在未来，本研究将打破现有的将国有林场和国有林区分头管理格局的束缚，借鉴美国的分级管理、日本按流域跨省管理和德国联邦制多形式分级管理的成功经验，建议设立国家国有林管理局，对国有林场和国有林区的国有林资源实施统一管理的新型体制。同时，对现有的国有林场和国有林区的国有林资源，特别是区位重要的、地方管理有难度的，收归国有，由国家进行统筹管理。同时，建议取消各类自然资源的独立监管机构，设立国有自然资源监督管理委员会，下设各省自然资源监督管理办公室，负责包括国有林等自然资源在内的监督管理工作。在该新型体制的设计中，还将从人才保障、收支体系、物资调拨与配给等方面做好顶层设计。

目前，山西省国有林管理局、内蒙古大兴安岭重点国有林管理局、安徽省国有林管理局已在各自省级范围内设立，本研究将在全国范围内进行顶层设计，建立国家国有林管理局。在新的国有林资源一体化管理体制下，本研究将在"国有林统一管理、自然资源统一监管"的理念指导下，探讨国家国有林管理局和国家公园管理局并行工作的职责区分和协作机制。同时，借鉴国外分级管理的成功经验设计国有林和集体林分级管理的运行机制，探讨国家国有林管理局和地方省级部门之间的关系。此外，本研究还将研究分级设立的国家和地方自然资源监督管理委员会的管理范围和协作机制。

本研究还将从产权制度、使用制度、森林保险、金融支持和财政体系等多角度对新型国有林管理体制进行保障体系设计。在产权制度方面，本研究拟建立清查确权的标准化体系为分级管理提供基础保障；在使用制度方面，拟推广自然资源有偿使用制度为国有林的常态化运营提供新的资金来源保障。此外，本研究还将从森林保险、金融支持、财政体系等多方面入手，对国有林管理体制提供系统全面保障。

附　录

（一）引　言

　　课题组于 2017 年 3～5 月分别赴河北、山西、湖北、重庆等地进行走访调研，并收集了部分国外（美国、加拿大、德国和日本）森林资源管理经验以及国内其他省份（北京、黑龙江、浙江、江西、广西、福建）的国有林场改革相关资料，从而完成了《国有林场森林资源管理机制研究案例库》。

　　该案例库分为引言、国外案例和国内案例三部分。从国内案例来看，在国有林场森林资源管理方面，全国各地国有林场不断探索、勇于实践，在公益林管护、森林资源有偿使用、森林资源监管、人才队伍建设等方面积累了较为丰富的实践经验。

1. 公益林管护

　　黑龙江省加强森林管护，建立健全管护承包责任制。其主要做法是：远山设卡、近山划责任区，与管护人员全面签订委托管护协议，采取管护承包责任制方式落实森林资源管护责任，实现管护责任全覆盖。在近山区，有的林业局以家庭承包管护为主，如柴河林业局在管护经营富集区以竞价承包方式交给下岗待业职工；而有的林业局以专业队管护为主，如鹤北林业局、方正林业局。新林局实行局、场二级森林资源经营工作制，林业局设立森林资源管护大队，负责全局森林资源管护工作，并在各林场设立管护中队和小队。十八站林业局探索管护区、中心管护站、家庭管护站三级管护模式。

山西省黑茶山林业局开展森林资源"精细化管理、资产化管护"，旨在转变森林资源管护机制。其基本内涵是：结合林地变更调查，在查清森林资源底数、明确培育目标的基础上科学划分责任区，以合同形式将每个责任区的森林资源管护、培育和设施建管任务核定落实给管护人员。管护人员在管护森林的同时承担适量的造林、改造及设施建设维护任务，同时适度开发利用林下资源，发展林下经济。

湖北省秭归县国有林管护主要是成立专业管护队伍，建立管护点，在管护点上修建管护棚，管护棚实行三通即通电、通水、通讯，管护棚安排驻棚人员长年进行管护。管护站与护林员签订管护合同，全面落实目标责任，管护站全过程监督管护点的森林管护工作。专、兼职管护人员一律签订管护合同，明确管护面积、管护四界、管护任务、管护要求和管护报酬。管护总站管护人员与管护总站签订管护合同，国有林成立专业管护队，由国有林权益单位聘请专职管护人员，划定管护责任区，在管护责任区修建管护棚，由专职管护人员住棚管护，国有林管理单位与护林人员签订管护合同，实行合同管理，进行分级管理。

福建省公益林管护模式主要为：（1）落实到户，联产管护。将集体生态公益林的管护权直接落实到户，然后林地所有者按照自然村、村民小组或者地块把管护进行组合或者细分形成联户，由联户落实管护责任，村委会仍需聘用护林员巡山护林监管。（2）责任承包，专业管护。按照先村内后村外的原则，由村集体将承包面积和权利、责任、报酬等，张榜公布，公开发包，按照护林员选聘机制的要求承包给合格的专业管护主体，同时全体村民参与联防管护。（3）相对集中，委托管护。按照先村内后村外的原则，将比较零散的、面积较小的或者是难于管护的生态公益林依法通过公开、规范的程序，将其委托给村民或附近的国有林场、林业采育场管护。（4）统一管理，专职管护。由县市区域的森林资源有关部门统一组建管护队伍，实行统一的专业化管理，实现"村推、乡聘、局管"择优录取的管护机制。

重庆市积极探索深化森林经营管护机制，江津区试点森林管护购买服务，2016年区财政安排专项资金面向社会购买服务78人，所需费用纳入财政预算，购买服务人员年均收入4万余元。渝北区财政预算104万，购买管护人员23人。黔江区、江北区国有林场临聘人员通过政府购买服务解决，经费按每人每年4~6万元标准包干。铜梁区、璧山区、垫江县明确提出按照每人管护800~1000亩标准，核定管护人员，超面积部分购买社会服务，纳入区县财政预算。国有林场森林管护购买社会服务正在全市逐步铺开。

广西国有林场按照林场结合自身实际，将管护责任进行层层分解，落实到人。将森林资源划分成为不同的责任区，层层签订森林资源管护合同，将管护任务落实到人，落实到地块，落实到山头。并且制定公益林地管护奖惩制度，激发管护人员的工作积极性。公益林地管护主要采取巡山为主的方式，在冬春季防火重点时期，采取清山检查的方式，确保森林资源得到有效保护。

2. 森林资源有偿使用

（1）有偿使用

山西省黑茶山林业局鼓励管护人员在完成管护任务和不破坏森林资

源的前提下，充分利用林区森林资源优势，发展林上林下复合经济，优先参与造林、封山育林、森林抚育、林下特色种植与养殖。同时，山西省通过发展家庭林场、组建农林专业合作社，因地制宜发展品牌产品，通过典型示范，推广先进实用技术和发展模式，辐射带动林场职工积极发展林下经济，帮助扶贫对象参与林下经济发展。由此，山西省先后涌现出中寨林场职工林下乌鸡养殖、马坊林场管护员林下马匹养殖，不断探索适合国有林场的林下经济发展模式，发展规模化、生态化养殖，提升林下经济综合效益。

浙江省大力发展林下经济，种植香榧和山核桃，开展林下套种中草药，种植金银花、铁皮石斛、多花黄金等，培育林场新的经济增长点，提高职工收入，实现生态、经济和社会效益最大化。例如江山林场依托资源发展生态养殖，办起了养猪场和獭兔生产基地，每年创收几千万元。白云山生态林场投资 200 多万元，建设 101 亩香榧基地和美国山核桃基地，实现生态、经济和社会效益最大化。

重庆市在确保国有森林资源不减少、国有资产不流失的前提下，各地积极发展森林旅游等特色产业。例如江津区大圆洞林场招商引资，与重庆市天盛缘实业有限公司签订合作框架协议；涪陵区永胜林场与重庆建峰工业集团有限公司合作发展森林旅游；石柱县国有林场参与千野草场和寺尚店景区开发，林场参与门票分红；彭水县对于摩围山、大坪盖等森林旅游项目实行租赁、入股分红等合作模式，促进森林旅游提档升级。

（2）特色产业

河北省承德市立足各林场资源、区位等优势，大力发展森林旅游、林下经济及特色产业，探索建立了"务林不砍林、养林不毁林、致富不卖林"可持续发展的经营理念。在抓好隆化茅荆坝、丰宁千松坝两处国家森林公园和郭家屯省级森林公园建设的同时，2014 年河北省又新增丰宁平顶山和柳树沟两处省级森林公园。平顶山森林公园 2015 年投入 280 多万元，建设山门、停车场、木栈道、水泥路等，10 月份对外开放；丰宁草原林场请国家林业局规划设计院编制了一级狩猎场规划，正在积极招商，已由原来的卖木材变为卖景观、卖生态、卖碳汇。

山西省黑茶山林管局以"健康养生、休闲度假、生态旅游、体验自然"为理念，引入社会资本和先进的管理方式，以森林旅游带动地方经济发展。同时，合理开发魏家滩林场产业沟和南阳山景区森林旅游。其中，南阳山景区森林公园采取与社会资本合作开发的形式，成为集旅游避暑、寻根、狩猎、垂钓、娱乐为一体的综合性森林公园，林场年收入高达 12 万。同时，山西省林业厅及各国有林管理局正积极谋划，整合资源，在不破坏生态环境的前提下，将发展规模化、品牌化的特色旅游产业。

浙江省鼓励国有林场因地制宜发展绿色富民产业。一是发展森林生态旅游产业，举办登山、自行车骑游、摄影等活动，将游客请进山林。目前浙江已有 70 个国有林场建起了森林公园（其中，国家级森林公园 31 个，省级森林公园 39 个），充分发挥了森林景观资源丰富的优势，把森林旅游作为新的经济增长点。二是科学培育商品用材林，大力培育具有区域特色的杉木人工林造林基地，培育大径材资源；加强良种繁育，积极发展珍贵树种，增加木材战略储备。例如林场开展林药间作，在林下套种金银花、多花黄精和铁皮石斛，培育林场新的经济增长点。

3. 森林资源监管

黑龙江省在现有的森林资源监督机构基础上，成立森林资源监管分局，并向林场（所）派驻监管专员，代表森林资源所有者履行森林资源监管、森林资源保护等行政功能，以落实好森林资源的监督检察权。同时，黑龙江森林资源管理局对"三江"林区及伊春林区资源监管分局实行垂直管理，实现森林资源监督和管理分开运行的监督体制。

河北省承德市本着"精简、高效、协调"和有利于国家生态建设、提高国有林场管理效率的原则，明确了以市级为主，市、县共管的管理体制。承德市在隆化、丰宁两县分别设立国有林场管理局，规格由原来的正科级升格为现在的副处级，内设机构、所辖林场和调查队由原来的股级升格为现在的副科级，并结合所承担的职能和主要任务。

山西省黑茶山国有林场结合林地变更调查，组织技术人员、管护人员完成辖区内林地资源二类调查，摸清每个责任区内森林资源底数，对需要造林、改造的宜林地、灌木林地、低质低效林面积，野生动植物、林下中药材、菌类等森林资源分布，林道、围栏、标牌等林业设施，以及偷砍盗伐、非法占用林地、森林灾害等现状，以小班建卡建档，综合平衡森林管护难度、森林培育任务、水系流域界限、可利用资源状况等因素，调整原有责任区界，划定新的管护经营责任区。同时，对林权情况，尤其是林权纠纷地块都登记清楚。此外，还结合林地变更调查，调整、修改公益林资源数据，使资源数据与"林地一张图"一致。

广西省壮族自治区林业部门对林政管理进行大改革大调整，确定林地征占用审核审批工作"24字方针"：提前介入，监管前置，重心下移，加强协调，优化服务，提高效率。以前，建设项目需要征占用林地时，业主一方多因为政策不熟或心存侥幸，事先不走审批程序，或先动工后报批。林业部门经过简单计算：走正常审批程序，森林植被恢复费每平方米2~10元不等；若非法占用林地，罚款标准是每平方米10~30元；事先事后，费用增加几倍甚至十倍以上；再加上被迫停工等延误损失，未批先用、非法占用成本高昂。管理人员将这些情况提前跟每一位业主说清楚，就是"监管前置"而不是"事后监管"。如今，监管前置成了林政管理的规范程序，自治区和各地市的重大项目协调会，都有林业部门人员出席；每个项目业主手里，都有一本《办理征占用林地手续服务指南》。

4. 人才队伍建设

（1）职工安置

黑龙江省自实施天保工程以来至全面停伐前，累计产生 10.2 万富余人员（不包括一次性安置），而全面停伐又导致 4.5 万人从事木材生产及相关行业人员急需转岗分流，经过一年的努力，通过向森林资源管护、森林抚育、林下经济、非木产业转岗分流和劳务输出等方式，已妥善安置 3.4 万富余人员。各林业局都将因木材停产带来的大量富余人员的转岗就业工作作为当前重点工作来抓，通过开展森林资源管护经营、人员造林、森林抚育和劳务输出，发展绿色食品、种养加工、森林旅游等替代产业，增加公益性岗位等，促进富余职工转岗分流。

河北省隆化、丰宁两改革试点县国有林场营林区 90% 实现了"十有"（有标准住房、有食堂餐厅、有大门围墙、有菜园厕所、有电视电话、有整洁环境、有制度职责、有文体物品、有奖惩措施、有检查评比）达标。同时，两县利用国家林区棚户区改造工程，分别在县城建设完成九龙湾家园（丰宁 1016 户）、惠林家园（隆化县 813 户），实现了林场职工林区一张床安心生产、县里一套房安居乐业、由"山人"变为"市民"的梦想。

江西省主要采用提前退休、待岗、内部退养及买断工龄等方式对不在岗职工进行人员分流。其中，买断工龄的方式又分为现金支付、代缴养老保险、分股份林和混合进行四种。同时，江西省给予小额贷款、贴息贷款、技术培训、创业补贴等政策，重点扶持发展林下经济、家庭经济、种植养殖、森林旅游等经营项目，鼓励富余人员自主创业。

浙江省对林场退休人员实行社保化管理。退休人员未全部社保化管理使国有林场经济负担沉重，改革上要通过政府协调和多渠道进行资金筹措，建议符合提前退休条件的办理退休手续，实现退休人员社保化管理。同时，多形式分流安置富余职工。通过合理核定人员岗位，对富余人员妥善分流，林业部门内部可以实行人员流转，城市市政、乡镇部门也可以安置部分富余人员。对此，在企业工作的林场在编职工，可以自愿选择。选择回归林场的，林场安排合适岗位；选择留在企业的，林场终止聘用合同，与企业签订劳动合同。在企业工作的其他员工，按照企业劳动合同执行；企业关停并转的，由企业按照有关规定给予补偿。

北京市为大力支持林业企业发展，给予林业企业 5 年过渡期，自 2017 年至 2022 年。过渡期内，转岗进入林业企业的林场在编职工，其原有正常事业费，以及住房公积金和医疗、养老保险缴费由财政负担的部分，继续由财政部门拨付。

（2）人才培养与激励

在人才培养方面，浙江省的做法有以下几点值得参考：一是制定优惠政策，引进高端管理和技术人才，建立公开公平、竞争择优的用人机制。二是对国有林场发展亟须的管理人员、专业技术及护林员等林业特殊岗位人员，在选聘上给予政策倾斜，放宽报考条件，降低准入门槛。三是采取定向培养方式加强人才培养，林业部门积极协调教育、人力资源和社会保障等部门，实施定向培养等方式拓宽人才引进渠道，增加新鲜血液，优化队伍结构。四是依托林业大学、院校优势资源，加强国有林场经营管理人才、科技人才和实用人才的培养，努力提高国有林场干部职工队伍的整体素质。五是邀请林业科研单位品学兼优的年轻干部，赴市、县国有林场挂职锻炼，并建立持久有序的交流机制，逐步提高国有林场的经营管理水平。六是加强职工培训，有计划地对各级党政干部、林业科技人员、林农、承包大户开展林业政策和技术咨询培训，提高林业建设者整体素质。

在人才激励方面，山西省黑茶山林管局对林场、管护员进行常态化考核，实行动态管理、量化评价、奖惩挂钩、定期兑现的办法。林场采用"固定工资＋绩效工资"的职工薪资模式，通过绩效工资激励职工完成管护任务。

（二）国外国有林场森林资源管理现状

在管理体制方面，美国的"谁所有、谁管理、谁投入、谁受益"的主体责任制以及"两员"制度、加拿大"以省为主体的分级协调管理"体制以及公有林许可证制度、日本由"重视木材生产"向"以森林公益机能为主"的战略转变、德国的"政企分开""政企合一"相结合的垂直管理模式，对我国的国有林场管理体制改革都有一定的启示。在人员管理方面，各国都经历了减员增效的渐进过程，一方面提高人员素质纳入公务员体系，另一方面与社会多主体广泛合作，动员全社会的力量参与管林护林。这些国外实践的宝贵经验对我国的国有林场改革具有重要的引导和借鉴作用。

1. 美国

根据美国最近一次森林资源清查结果显示：美国林地面积为 3.10 亿 hm^2，人均有林地 $0.96hm^2$；森林蓄积为 343 亿 m^3，人均森林蓄积 $106.19m^3$，森林覆盖率为 33%。美国的森林分公有林和私有林两大类，面积 12920 万 hm^2，占全国森林总面积的 42.6%，且近 80% 的公有林地分布在美国西部地区。在全部公有林中，由联邦农业部林务局和其他联邦政府部门（内政部土地管理局、渔业野生动物署、国家公园署等）经营管理的称为国有林，面积 9980 万 hm^2，占公有林总面积的 77.2%；

由州、县政府经营管理的称为其他公有林，面积 2940 万 hm^2，占公有林总面积的 22.8%。

美国公有林地的形成与私人经营有密切关系，私有林主不愿意或没有能力经营管理的林地形成公有林地，尤其是在美国西部地区，公有林基本由美国林务局直接经营管理，20 世纪 90 年代以前，属于美国重要木材生产基地，在生态优先战略的背景下，逐渐成为保留林（保留林是法规与政策所规定的不再承担木材生产的林地，林地用于生态目的，类似于我国的生态公益林），退出木材生产。部分美国公有林的形成是私有林场主放弃经营的结果。以密歇根州为例，由于私有林主持有林地需要交纳土地费，加之林地质量比较差，在过去 200 多年中，州有林地的 1/3 源于私有林主放弃的林地。

美国的森林资源权属依据土地所有权确定，受到法律的严格保护。不论林务局管理的国有林，还是各级政府机构管理的其他公有林，都遵循"谁所有、谁管理、谁投入、谁受益"的原则，财务各自独立。各部门分工明确，职能清晰，执行有力，形成了高效的管理体系，有效地节约了管理成本。

美国公有林管理经费实行"收支两条线"政策。其中国有林管理经费每年由基层逐级汇总、平衡、上报，由联邦林务局向总统提出年度财政预算，经国会批准后，再逐级平衡下拨。采伐收入全部上缴财政；国有林经营收益中 25% 上交联邦财政，建立林业基金，由林务局管理，用于公有林科学研究、造林、防火和病虫害防治等方面建设。对于处理森林火灾、病虫害等突发性灾害的费用，林务局可先申请专项拨款，然后转入第二年的预算。其他公有林的财政体制与国有林基本相同，经费由州、县政府财政下拨。

美国在森林火灾的预防、监测、扑救方面一直走在世界前列。美国非常重视森林消防人员的培训工作，从规程制定、教材编写、基地建设、培训时限、经费投入等，都有严格的规定，将林火管理有关的岗位细化为 200 余个职位,对每个职位的培训要求都非常明确。同时,美国森林保健组织机构较完备,农业部林务局设有森林保健项目管理组,各州也配备有一定数量的森防管理人员。这些主要人员的职责是监测森林病虫害的动态,研究和确定科学的防治技术,对各地病虫害的防治给予技术指导等。

公有林森林经营管理中实行职业森林员和森林采伐员"两员"制度,"两员"需经过专门的培训、考试并取得资质后才能持证上岗。公有林科技体系完善,注重研究与开发、科研成果和技术推广的紧密结合。公有林的木材生产、造林、抚育等生产活动都采取竞标方式,通过竞争性的拍卖或投标方式交给私人承包商来完成。

国有林的采伐总额度由农业部林务局控制,各国有林经营组织根据采伐总额度调整和确定自己的采伐计划。具体采伐流程:林业局确定采伐地块→立木价值评估,确定林木价格底线→招标或拍卖。承包商有 3~5 年的时间来完成指定林地的采伐工作,按拍卖或投标中敲定的立木价格付费给林务局,林务局收到资金后汇入美国财政收入。采伐后的林地更新工作则由林务局完成。

国有林由联邦政府直接管理,管理部门有农业部林务局、内政部土地管理局、渔业野生动物署、国家公园署等。其中由农业部林务局管理的面积占国有林总面积的 50% 左右,实行 4 级管理:第一级是农业部林务局国有林管理局,负责全国国有林经营管理规划、年度计划、预算管理、经费划拨、森林资源管理和政策制定等工作;第二级是按区域设置的 9 个大林区,主要职责是监督和指导下属国有林区,协调分配财政预算以及政策制定,每个大林区 100~150 人;第三级是按生态系统类型设置的 155 个林管区,负责该区的森林经营管理工作,每个林管区约 50 人,共 7400 人;第四级是作为林业系统最基层单位的 600 个营林区,负责森林培育和日常森林管护、野生动植物保护和森林防火等工作。每个营林区有职工 10 ~ 100 人不等，经营面积 2 万 ~ 40 万 hm^2。

美国对公有林管理人员实行林务官制度，林务官纳入国家公务员统一管理。美国公有林管理人员有完善的社会福利保障，不存在拖欠职工工资和缺失社会保险等问题。林区社会建设由地方政府负责，有稳定的投入，公有林管理机构无社会负担。林区基础设施建设由公共财政全覆盖，民生有保障。

1897 年美国国会通过了《组织管理法》，授权农业部成立林业局，管理国有林。但由于林业局认为森林资源可提供木材、水源、娱乐等产品和服务，特别是第二次世界大战后美国国内房地产业的兴起拉动了木材需求，因此，盛产木材成了国有林的主要经营目标。随着社会对生态服务需求的增加，多功能利用逐步成为林业发展战略，同时兼顾木材生产与生态保护。

1976 年颁布的《国有林经营法案》要求每个国有林单位制定森林资源经营方案。但该法案依然要求按照数量成熟原则决定木材采伐量，从而加剧了美国政府和学界对出现木材匮乏的担忧。从 20 世纪 80 年代起，国有林的多用途和永续生产经营理念得到发展。针对美国国内的森林保护运动和全球环境保护浪潮，美国西北部地区开始了"新林业"思想实践，使美国国有林管理转向重视环境的森林经营模式，强调森林经营突出环境保护价值的同时，发展多功能、集约化林业，重视森林经济效益、生态效益和社会效益的发挥，强调森林多功能的兼顾，以建立合理的森林结构。

2. 加拿大

加拿大森林面积近 42000 万 hm^2，占世界总体林地的 10%，接近整个亚洲的森林面积，是世界上森林面积最大的国家之一。国有森林在加拿大占主导地位，其中大约有11%的森林归联邦政府所有，大约80%的森林归省政府所有，私有林仅占9%左右。加拿大将全国的森林按照自然类型划分为8大林区。

尽管加拿大具有丰富的森林资源，但为了保证森林的可持续经营利用，加拿大公有林实行严格的采伐和迹地更新管理制度。森林采伐实行总量刚性、年间弹性的限额采伐制度。加拿大将森林资源列为维护生态平衡的主体、经济社会可持续发展的基础、提高人民生活水平的重要条件，以及国家形象的重要象征。

加拿大的林业管理机构分为联邦、省和市（县）3级，并实行以省为主体的分级协调管理体制。联邦设自然资源部林务局，下设6个研究中心（大西洋林业研究中心、大湖林业中心、劳伦蒂德林业研究中心、北方林业研究中心、太平洋林业研究中心、加拿大木纤维中心），主要职责包括协调制定全国性的林业政策和法规，管理联邦所有森林和协助地区管理其森林资源，组织林业基础科研并通过示范林形式进行推广，促进林产品国际贸易。联邦政府没有制定森林管理的法律法规的权限，只能通过与各省协调后制定一些指导性法律法规，整个森林管理的法律、制度都由各省自己制定，并具体制定操作管理规范。加拿大联邦政府林业部门和省政府林业部门之间只是一种协调、合作关系，而不是垂直管理关系。省政府所有林主要由省政府管理，其余均设自然资源部林务局，主管本省、区的林业事务，包括制订林业法规、采伐计划、资源保护和管理办法等，具有多方面的自主权。市（县）级森林资源管理部门主要负责社区所有林的经营管理，一般机构比较小，职员2～5人；管辖面积也较小，一般只有几百至几千公顷。加拿大林业部长联席会议（CCMF）是一个重要的协调机制，是推动建立全国森林信息系统、全国森林清查、加拿大荒火管理策略、可持续森林经营标准和指标等的重要力量。

加拿大在联邦政府环境保护部下设有国家林务局，主要负责森林防火方面的重点科研项目和高级专业人才的培养，具体防火工作全部由各省自行管理，各省的权力范围很大，可以制定自己的森林防火法律法规。加拿大的林火卫星监测技术也较为先进，主要通过卫星发射的电磁射线检查林区温度，查找火灾隐患，并及时采取针对性的降温灭火措施。

加拿大对广袤的公有林实行"公有森林，雇佣经营"的管理模式，将森林经营纳入市场经济轨道，通过公有林许可证制度和颁发森林执照进行森林经营管理。加拿大通过发放许可证，确立了不同经营者之间的契约关系，并把公有林以承包、租赁等方式分配给企业或私人经营者使用。同时，经营者还需获得省政府颁发的森林执照，才有权对公有林进行经营管理。政府对森林执照的申领和颁发有严格的规定，通常情况下，政府均要将可供社会使用的森林资源进行公告。公告内容包含林木蓄积、年立木生长量、资源可采情况、执照类型、政府要求实现的经营管理目标。所有公司、个人和社会团体均可提交申请，政府将申请者的材料和初审情况通过网络发布，接受监督。各公司通过竞标，取得造林、采伐或木材加工的权利。中标公司与政府签订合同，合同签订后由政府发给营业执照。公司定期汇报执行情况，并接受联邦政府和省政府下设的森林管理区、管理小区的检查和监督。执照有效期为20年，经营者的责、权、利均在执照中载明。同时，合同实行"滚动制"，其间每5年进行一次资格审查，征求广大公众的意见。对合格者，政府将特许协议有效期延长5年，经营业绩不好的将被取消执照。森林执照对采伐地点、采伐数量都有严格限制，对造林更新也有具体要求。

加拿大全国大约有50%森林被划分为商品林或用材林。用材林绝大多数经营活动是靠私人企业公司来完成的，这些私人公司对公有林的采伐和经营都是根据省政府制定的标准来进行的，如允许的采伐量和更新的要求，修建林道和护林防火等方面。由于利益的关系，这些私人公司成为公有林的主要采伐者和最积极的经营者。同时，政府鼓励私人经

115

营者经营森林，并在税收政策上给予优惠，私人公司则依据采伐量向政府缴纳相当于林价的费用，政府则将收入的一部分返还林业，用于再造林，并为此建立了"森林再造基金""森林发展基金"两个造林基金。

近年来，随着加拿大林业产业的发展，以及可持续发展经营方式的推进，以往大部分森林经营权多掌握再大公司手中，为避免出现经营垄断现象，一些省份不再推行大公司经营模式，逐步增加小企业和社区经营比例。一些省份，社区居民要求将省有林下放给社区管理，一是强调权、责、利结合的管理体制，二是转变政府管理森林的办法，三是实行公司制管理森林。

此外，加拿大森林经营管理的公众参与程度不断提高，一方面，各省给予所有与林业相关的个人和组织参与土地利用及林业管理决策的权力；另一方面，公众、社区居民和土著居民直接参与林业生产经营的数量不断增加。

随着社会的发展和环保意识的深化，加拿大的森林资源管理机制取得了长足的改进和完善。

3. 日 本

日本是亚洲东部太平洋上的一个群岛国家，国土面积 3779 万 hm^2，其中森林面积为 2510 万 hm^2，占国土面积的 67%。森林面积中，国有林、公有林、私有林分别为 768 万 hm^2、283 万 hm^2、1458 万 hm^2，分别占全国森林面积的 31%、11% 和 58%。其中国有林主要分布于陡峭的高山地区，由农林水产省林野厅管理。作为国民共有财产，日本国有林在涵养水源、防止各种灾害、治山保土等方面发挥着重要作用，有着特别重要的意义。

1899 年，日本政府颁布了《国有林业法》。该法赋予农林水产省成立林业厅，全面推动国有林的开发和利用，并构建御用林、国有林的开发与经营主体，推进森林科学的发展，还成立专门的国有森林研究机构。1907 年，日本国会颁布了第二部《森林法》，全面取代了 1897 颁布的第一部《森林法》。这部法律确立了森林合作社制度体系，并确定在昭和时代对国有林的开发、造林和经营实施林业补助金制度。但是，第二部《森林法》依然没有规定促进私有林发展的政策。随着第二次世界大战的开始，日本政府加紧了对木材的控制，在战时体制下确立了国有林开采的主导权，进一步遏制了私有林的发展，从而也使得国有林政策在第二次世界大战后得以延续。

改革前的日本国有林经营管理体制是在二战以后（1947 年），即林政统一后，由农林省山林局实行一元化管理的。国有林的经营管理自成体系，由农林水产省林野厅全权负责管理和经营，营林和森工是统一的。在农林水产省林野厅设有国有林管理部和国有林经营部，前者负责国有林的组织、人事、工资、福利、培训等；后者负责国有林经营业务，包括计划、营造林、木材生产及特别会计等。作为国有林的经营管理单位，在全国按照自然区划设有 9 个营林局、5 个营林支局、229 个营林署（1997 年）。1947 年实行国有林特别会计制度，按企业方式进行经营管理。以前，国有林收入的 40%～60% 挪作他用，实行特别会计制度后，全部收入用于国有林经营。

1955—1965 年国有林收支情况良好，收入的一部分上缴国家，直到 20 世纪 70 年代初期，国有林都是盈利的，1973 年国有林盈利达到高峰，为 959 亿日元。由于廉价进口木材增多，森林经营成本上升，国有林财务状况急剧恶化，以及受石油危机的冲击，国有林事业自 1975 年出现亏损，1976 年开始负债，1978 年出现累积债务，靠借款维持，到 1998 年累计债务已达到 3.8 万亿日元。针对国有林的经营困境，1978 年 7 月日本国会通过了《国有林事业改革特别措施法》，并采取了许多办法，为恢复收支平衡，4 次修订改善计划，探索国有林改革的途径。

国有林改革采取的主要措施是：（1）精简机构，削减人员，减少工资支出。（2）实行国经营民营化，将采伐、造林承包给民间，减少成本支出。（3）开辟新财源，扩大自身收入（出售、出租部分林地、土地等固定资产，开展国有林资产有偿使用业务，如在林区建别墅、滑雪场、旅游地，对放牧、采摘蘑菇、野菜及对泉水、土石、野生植物和旅游资源的开发和利用等）。（4）采取各种财政措施，减轻债务，实现收支平衡。

20年的改革实践已经证明，国有林很难在木材生产减少的情况下实现收支平衡，高达3.8兆日元的债务靠自身努力已无力偿还。鉴此，日本政府在经过长期的探索和反复讨论之后，终于在1998年10月由内阁会议通过了关于国有林改革的一系列新举措。1998年10月日本国会又通过了新修订的《国有林事业改革特别措施法》等相关法律，明确要求国有林经营方针从以林产品生产为重点转向以维持增进公益功能为目标，将1998—2003年定为5年集中改革期进行了彻底改革。改革的4个重点内容为：（1）转变国有林经营管理目标，将国有林经营管理由重视木材生产转向重视森林公益机能发挥。（2）全面精简组织机构和职员。（3）改革国有林特别会计制度，改为一般会计拨款为前提的特别会计制度，国有林中公益林的保护管理和经营所需的必要经费由一般会计永久拨付。（4）政府一般会计和国有林特别会计共同处理国有林累计债务。

2003年集中改革之后，日本政府又经过了10年的酝酿和相关法律的修改，特别是2012年6月出台了关于修订国有林经营管理法等相关法律的法律，依据此法，日本将国有林定位在"国民的森林"和"维持增进公益功能"的经营管理目标上，并决定自2013年4月1日起取消国有林特别会计制度，将国有林事业全部纳入国家一般会计预算（一般会计是管理中央政府一般性财政收支的预算制度，它以税收、国债收入等为财源，为中央政府的行政管理、社会保障、教育、公共投资等活动提供财力保障）。改革后的国有林，作为"国民的森林"继续实行统一的经营管理，并要求与民有林经营相结合共同推进森林的经营管理。

至此，日本国有林事业在 1976 年陷入经营困境后，经过 20 年的努力和 15 年的改革探索，终于在 2013 年完成了彻底改革，结束了有 66 年历史的国有林特别会计制度，以国民的森林、国家管理的模式纳入国家一般会计预算，进入新的发展历程，并取得了积极成效。

经过国有林业改革，日本的国有林彻底转变国有林经营管理方针，将国有林经营管理由重视木材生产转向重视森林公益机能的发挥。森林资源保护与利用协调则是通过分类经营机制来实现的。同时，制定发挥国有林多种机能的国有林管理计划，协调国有林的环境管理、木材生产以及休闲利用等。对造林、抚育、水土保持、优良林的保存、高龄林的维护、林道、作业道等进行统一规划。形成多种多样的森林群落，制作造林指南手册、设立示范林并进行普及；指定复层林施业的林分，推广复层林施业的技术；普及针阔混交林，对针叶造林地引入针阔混交林。设置教育机关、学校等的学校林，引导教育机关、市民团体进行国有林的教育和自然观光考察，制作林业地图、休闲地图等，提供市民利用国有林进行地方的庆祝集会等，并让市民进行一定的国有林施业体验。

日本国有林的定位为"全体国民共同的财产"，国有林具有作为国家公共事业的基本性质。全体国民通过纳税方式支付国有林经营管理费用，并委托特定部门对国有林进行管理和经营，国有林必须无偿为国民提供各种服务。日本的国有林大多分布在远山、高山、江河源头，其中有很多都是非常重要的原生林、天然林。日本一半以上的保安林和国立公园都分布在国有林区，不仅在涵养水源、保持水土等方面发挥着重要作用，同时也是野生动物的生息地和野生植物资源的宝库，发挥着国土保安和美化环境等生态公益效益。此外，日本的国有林对国民免费开放，承担着维持景观、休闲娱乐、环境教育、科学研究等多种任务。在生态建设以及服务社会等多个目标中发挥着十分重要的作用。同时，日本国有林作为林业的重要组成部分，也为经济共发展作出了重要贡献。仅在 1991 年有关方面的测算，国有林在防止水土流失、涵养水源、保健修养、保护野生动物、供氧和净化等方面的公益效能的货币总价值高达 29.2 兆日元，相当于 1990 年国内生产总值的 7.1%。

改革后的国有林的管理经营转向以森林管理等行政业务为主体，力求实施体制的高效化，将国家业务限定为保护管理、森林规划、治山等方面，具体包括加强森林巡视、防止森林火灾、防治森林病虫害、防止鸟兽破坏森林、设置标牌（禁止乱扔垃圾）、防护林管理以及与当地居民、地方自治体、志愿者的协调合作等。同时，将采伐、造林等活动全面委托民间实业家代理。至 2008 年，森林抚育和人工造林的委托率分别由 1998 年的 72% 和 78% 提高至 99%，而人工采伐的委托率由 1998 年的 75% 提高至 100%。这种管理与经营的分离，使国有森林管理局摆脱了大量的生产经营活动，监督和管理作用得到大大加强。另外，在国家监督下，委托指定的调查机关对林产品的销售收入等进行调查。特别需要指出的是，根据地区实情，对不适合委托民间实业家的情况，则采取由国家实施的方式。同时，国有森林作为国民共有财产，国有林管理机构有负责行使森林资源资产国家所有者代表的职能，要按照计划开展各项国有森林资源资产（包括地产）流转，依照市场规律的要求进行严格的价值评估，并通过公开招投标的方式进行，以确保国有资产价值不出现流失以及流转过程的公平公正。

国有林实行管理主体与经营主体分离。系统的工作人员，全部由林野厅调配，主要分布在管理局、管理署以及管理事务所，负责森林的保护、经营计划的制定、经营监督以及部分治山工程。造林、采伐、林道建设等各项直接生产活动一般都通过招标制，委托给民间企业实施，由民间企业承包和雇佣社会劳力完成；同时积极推行"分成造林""分成育林""土地借出"制度，鼓励企业、团队和个人承包经营国有林，收益分成。

改革后，人员也得到了大量精简，由 1998 年的 12200 人减为 2008 年的 6200 人。这里需要特别说明的是，在职员人数调整时，日本没有违反本人意愿而简单地将人员辞退，而是采取措施，通过省厅间人事转换，以及给予特别补贴等方式进行安置。日本国有林系统的工作人员，全部由林野厅统一调配使用。

国民参与国有林管理，主要包括：利用具备森林、林业相关知识的人才，应对国民的森林环境教育、与森林接触和植树造林等需求；与学校、自治团体、企业、志愿者、NPO（非营利组织）、地区森林所有者和森林联合体等民有林相关主体合作，共同推进森林环境教育事业；在国有林中开展校园实践活动，并利用学校分担部分造林费用；推进森林管理局、森林管理署等举办森林俱乐部和森林教室等活动；对教职员以及志愿者领导等进行知识普及和技术指导；为确保"国民的森林"管理经营的透明性，公示管理经营状况公开表等信息；在地区开展自然教育活动，通过森林技术人员提供森林、林业相关的信息和服务；通过策定区域管理经营计划、宣传报道等方式促进国民对国有林事业的理解和支持。

4. 德　国

德国位于欧洲中部，由 16 个州组成，面积 35.7 万 km^2，人口 8185.9 万。森林面积 1110 万 hm^2，森林覆盖率 31%，人均森林面积 0.13hm^2。森林总蓄积量约 28 亿 m^3，平均单位面积蓄积量约 252m^3/hm^2，人均森林蓄积 34.4m^3。

德国的森林所有制形式有 5 种。一是联邦森林，占 4%，约 40 万 hm^2。这些主要位于军事领域、联邦水路和公路沿线地区，这些地区森林的管理是联邦林业部门的责任。二是州级森林（国有林），占30%，330万hm^2，由各州所有，亦即所谓一般意义的国有林。三是私人森林（私有林），占44%，480万hm^2。由于历史原因，有显著的地区差异。德国私有林所有者的林权特点是规模小而且零散。四是社团，包括教会、公司团体和第三级政府所有林（公有林），占20%，约220万hm^2，公有林在莱茵兰—普法尔茨州、黑森州、巴登—符腾堡州和萨尔州具有特殊的权重。五是信托森林，占2%，约22万hm^2。信托森林是在东德土地改革的过程中已被征用的森林，这些森林已被转移到公共财产，现在应该私有化。

根据联邦森林法和各州森林法的规定，国有林定期由专业队伍进行森林调查，并在调查基础上每10年编制一次森林经营方案，根据采伐量小于生长量的原则，确定采伐总量，分年度安排，并制定一系列营林、造林和管理措施，报上级林业部门批准后，按年度计划实施，每年采伐量可根据市场需求进行调剂，但10年总采伐量不能超过森林经营方案规定的采伐总量。国家对发挥生态功能主体作用的国有林实行全额投资，补偿直接经营的单位亏损。联邦和各州政府对林业投入占其政府财政预算总额的1%左右。对国有林经营单位，政府采取"收支两条线"的办法管理，即林务局的木材销售收入全部上交，而林务局的全部支出，包括造林、森林保护、林道建设、设备更新、人员工资等全部由国家承担。

各州对国有林的保护非常重视，如北莱茵—威斯特法伦州规定18%的国有林、巴登—符腾堡州规定10%的国有林不允许有任何的经济活动。在北莱茵—威斯特法伦州70%以上的国有林面积被划为景观区、自然保护区，为动物和植物提供了广泛的生存空间，许多珍稀濒危野生动物和植物在这里得到庇护并获得回迁潜力。同时，为居民供应饮用水的水库都位于该州的森林地区，保证了水源和水质。国有林还承担着森林生态公众教育的作用，引导大众到森林中参与各种有益活动，建立森林博物馆，通过陈列展览，让公众了解森林，认识森林，从而保护森林。

　　德国不仅是近代林业集约化经营的始祖，而且也是多目标利用森林的发源地。18世纪末，德国开始推广人工造林，当时的林业理论是以"永续经营"为出发点，主要目标是追求木材的高产量。19世纪中期，德国战后赔偿压力以及工业资本的兴起使木材的需求量迅速增长。其对森林资源的认识是将森林的经济价值最大化作为目标，过度采伐的森林为经济发展提供了大量原料，却造成了森林变荒山的恶果。针叶树人工培育思想盛行，大规模营造生产力高的针叶林成为提高生产效益的最佳手段，这段时期很多阔叶林被改造为针叶林。但在20世纪初，德国出现了严重的森林病虫害和土壤贫瘠化问题。

　　德国长期以来一直实行以地方自治为主的林业管理制度，因此国有林的管理体制也承袭了以地方为主的特点。原联邦德国的各州林业行政管理机构大体由上级机构（部）、中级机构（地方森林局或综合行政厅）、下级机构（森林署）组成。20世纪70年代前，原联邦德国几乎所有的州都由粮食农业森林部负责林业行政管理，德国林业政策基本上长期坚持了以木材生产为主导的思想，随着环境问题重要性的提高和行政需要的变化，林业行政管理部门发生了很大改变。20世纪70年代后期，德国逐步制定了把森林的经济效益、游憩利用、环境保护平等对待的林业政策。20世纪80年代，保护生态系统的呼声日益高涨，林业经济收益急剧下降。在双重压力下，德国为了改变这种局面，提出了"近自然育林"的构想。到20世纪90年代，"近自然育林"的经营模式更加明朗，林业政策相应有所调整，德国制定了对推进"近自然育林"或营造混交林的活动实行发放补助金政策，政策实施的结果是栽种阔叶树和实行天然更新的比例显著增加。部分州把林业行政管理部门从粮食农业森林部中分离出来，划归环境行政部门。中级和下级的地方森林行政机构大体分为如下几种类型：（1）统一型林业行政管理体系，即国有林行政管理事务、服务性咨询事务以及经营事务等，统一由林业行政管理部门负责；（2）分担型林业行政管理体系，即国有林管理行政事务由林业管理行政机构负责，国有林经营事务由企业公司负责；（3）重点型林业行政管理体系，即为适应地区森林所有制结构特点，以区域划分为依据，国有林管理与经营事务由州林业行政管理机构和农业协会组织分别负责。

1990 年，分裂长达 45 年之久的两德统一后，林业行政管理体制改革提上日程。1998 年，大部分州都制定了具体的森林行政改革计划，改革计划的内容虽具有各自的独立性，但改革目的都是提高森林公益功能，改善森林经营管理状况，改进森林行政管理效率等。在改革研讨过程中，这些州全面审视了以前森林行政各部门的任务，提出了各种意见，如部分业务移交给其他行政厅，国有林经营管理企业化，将森林行政体系的一般森林行政管理组织和国有林经营管理组织分离等。大部分州还在以往的州、地区、基层林业局三层结构的基本组织体系下进行不同程度的改革，也有个别州废除了森林经营管理的中级机构，采取州、基层林业局两层结构体系。

2003 年，德国进行了林业经营管理体制改革，建立了一套完善的国有森林资源经营管理体系。主要用于军事目的联邦林的管理则另成体系，由德国消费者保护、食品与农业部下设的联邦林业管理局直接管辖。总体来看，改革后林业管理机构一般由 4 级构成，但也有少数州未设立森林管理局，为 3 级管理机构。各级林业管理机构均属垂直隶属关系，与地方政府无行政隶属关系，从而避免了林业管理中地方政府的干预。改革后的德国国有林 4 级管理机构分为：（1）联邦级；（2）州级；（3）地区级；（4）基层级。德国国有林经营管理体制改革成效明显，基本达到了改革目的：（1）实现了"政企分离"，将国有林的管理和经营职责分开，分别成立管理国有林的公共管理部门与经营国有林的州立森林企业，如黑森州、巴伐利亚州。（2）建立健全先进的财务核算和审计制度,实行"收支两条线"政策,以规范国有林投资的使用方式,提高资金使用效益。(3)将州立森林企业完全推向市场,以确保根据市场经济原则对国有林进行经营。有的州采取3级机构管理,其组成是州设有林业管理局(属州自然保护、农业和消费者权益保护部下设机构),林业管理局垂直管理分区域设置的森林管理局,森林管理局垂直管理分区域设置的森林管理站。如黑森州林业管理局直属41个地区森林管理局和410个森林管理站。其主要职责有三个:一是州林业管理局,制定长期的林业规划、森林法和其他有关条例,协调与联邦政府、其他州和经济部门的关系,负责监督下属机构的工作。二是地区森林管理局,落实州的各种林业计划,组织制定森林经营方案,监督管辖区内各生产单位的森林经营和木材生产等,同时对私有林和其他森林的所有者在林业政策、法规和业务上提供咨询、培训或代管。三是基层森林管理站,负责年度生产计划的制定和组织实施,同时也面向私有林开展咨询、服务等业务。国有林管理采用"政企分离"模式。即林业管理局、森林管理局和森林管理站属行政管理机构,负责国有林监督管理,不直接经营国有林;成立森林企业直接经营国有林,具有法人资格。

政企合一的垂直管理模式,以北莱茵—威斯特法伦州为例,通过精简机构、自然减员减少编制等方式,提高了国有林管理和经营效率,改善了国有林经营状况。该模式具有以下特点:一是州以下实行垂直管理的政企合一的国有林管理体制;二是林业机构(森林企业)既承担行政管理职责,又从事国有林经营;三是在国有林经营上实行"收支两条线"政策,林业管理机构(森林企业)承担国有林企业、林业业务和林政管理权任务,同时为私有林和公有林提供技术咨询和技术支持。国有林经营所得利润全部上缴州财政,实行"收支两条线"管理,如2009年州政府预算投资为4740万欧元(包括170万欧元的投资补贴),国有林企业一次性缴纳州财政500万欧元;2011年州政府预算投资为4930万欧元(包括170万欧元的投资补贴),国有林企业一次性缴纳州财政350万欧元。

总的来说，德国国有林管理机构精简了，人员也减少了。但这是一个有计划渐进的过程，大部分人员是按照原来退休年龄（65岁）退休的，实现自然减员。当然也有根据个人意愿分流的情况，比如去当警察或者去公路管理局等。同时，不再有新的人员进入，这样德国国有林管理机构的人员就会逐渐减少。如北威州的森林管理局由2005年以前的50个精简到16个，森林管理站由500多个精简到300个，工作人员自然减员到1280人。

德国国有林改革成效逐步显现，国有林自2007年以来总体实现扭亏为盈。

德国国有林管理人员属国家公务员，统一着装，不仅具有森林经营管理职责，而且具有森林执法权，人员素质高，全部具有大学以上学历，从小受到良好的家庭、学校和社会教育，具有认真严谨、务实节俭的特点，工作有条不紊，做事认真负责。基层森林管理站的管理人员：他们在高中毕业后进入林业专科大学学习3～4年，毕业后取得大学学士学位，然后到林区见习1年，通过国家考试方有资格任职。在州一级林业管理局以及地区森林管理局职位上工作人员和森林经营设计师、林业科学工作者：他们在完成学校教育后，进入综合大学林学方面的专业学习4～5年，毕业后取得大学硕士学位，到林区有2年的见习期，通过国家考试方有资格任职。从受教育的程度看，德国国有林管理人员都要经过专业的学校教育，具有相当业务知识；从工作经验看，其管理人员必须要深入林区实习，取得一定的经验，经过专门的严格考试才有资格进入到管理队伍。

德国国有林不但承担着国家生态功能的主体作用，而且具有推动经济、环境保护、休闲旅游等多重作用。各级政府和林业主管部门将国有林的经营目标设定为以社会效益为主，经营方式按照自然要求经营为主，经营管理以行业垂直管理为主，经营投入以政府投入为主。这些都保障了国有林场森林资源得到健康可持续的发展。

（三） 国内国有林场森林资源管理现状

1. 北京市国有林场森林资源管理机制运行情况

北京市现共有国有林场 34 个，森林面积达 95 万亩，是全市生态区位最重要、森林资源最丰富的核心生态区。然而长期以来，由于管理体制不顺、经营机制僵化、投入保障政策不健全，国有林场发展缓慢，森林质量普遍不高、功能效益低下，低质低效林占 50% 以上；基础设施建设严重落后，生态服务能力低下，仅 40% 的林场申请设立了森林公园。

《北京市国有林场改革实施方案》2016 年获国家国有林场改革工作小组批复，方案提出要将全市 34 个国有林场全部纳入公益一类事业单位，标志着北京国有林场改革工作进入实质推进阶段。方案明确了国有森林资源实行国家所有、市区两级政府行使所有权、园林绿化部门监管、国有林场经营管理的管理体制；推行事企分开，将林场兴办企业与林场剥离，剥离后企业实行市场化运作，并鼓励国有林场将部分区域建成森林公园对外开放。此外，方案还要求，在营林管护上完善以购买服务为主的森林管护机制，国有林场所需事业经费将全额纳入财政预算，职工工资、社会保险等实现全面保障，并加大林场基础设施建设投入。

（1）北京市政府购买公益服务现状

2010 年，北京市政府开始利用社会建设专项资金购买社会组织服务，至今已连续实施 4 年，共购买了 1544 个社会组织服务项目，总投入 2.53 亿元。目前，已结项目 1029 个，参与的社会组织达 29870 个，服务对象达 789.21 万人次，开展活动 78917 场次，累计提供专业服务 391 万小时。项目内容包括社会基本公共服务、社会公益服务、社区便民服务、社会管理服务、社会建设决策研究信息咨询服务 5 方面，采取了经费保障、经费补助、购买服务等不同的投入和支持方式。政府购买服务模式的实施，形成了政府合理让渡、规范引导、扶持推进社会组织发展的新体制，发挥了政府资金的导向作用和激励作用，提升了社会组织的能力，为社会组织建设与发展注入了新的活力。同时，政府购买服务的实施有利于推进事业单位分类改革，进一步明确事业单位的社会分工和组织结构，有效提升事业单位服务能力和服务水平。

（2）北京市国有林场改革主要任务

①明确功能定位，创新管理体制

确定国有林场属性。北京市国有林场为生态公益型林场，主要职责为保护培育森林资源、试验示范林业科技成果、弘扬森林生态文化、推动国际交流合作，主要功能为发挥生态作用、提供生态服务、维护生态安全。国有林场按照公益一类事业单位管理。

创新管理体制。明确国家所有、市区两级政府管理、主管部门监管、国有林场保护与经营的国有森林资源管理体制。园林绿化主管部门加快转变职能，创新管理方式，加强政策研究、规划标准制定、资源监管和监督考评等工作，落实国有林场法人自主权，制定北京市国有林场管理办法。

国有林场及在其基础上建立的自然保护区管理机构是国有森林资源管理的主体，市园林绿化部门应当实行统筹管理。原为国有林场，但变更名称（自然保护区除外）或者隶属关系的，应当恢复国有林场建制。鼓励规模较小的国有林场整合资源、统一经营。市煤集团管理的国有森林资源，按照市属国有林场管理体制进行管理。科研机构、高等学校等单位管理的国有森林资源，按照原管理体制，参照市国有林场管理。未明确管理主体的国有森林资源，可建立国有林场或并入本地区其他林场管理。要妥善处理林场改革与周边发展的关系，做到统筹兼顾、共建共享、共同发展。

②推行事企分开，创新经营体制

剥离林场所办企业。国有林场明确属性后，应当将其所办的经营性企业与林场剥离，鼓励其中的优势企业实施兼并重组、做大做强，通过规模化经营、市场化运作，为林业建设提供服务。对森林公园、林业特色产业等不能分开的经营活动，国有林场推行管办分离，严格实行"收支两条线"管理。国有林场通过国有森林资源资产有偿使用取得的收益，纳入预算管理。在事企分开过程中，国有林场按照"以人为本，确保稳定"原则，由职工自愿选择，可以人随事走，不采取强制性买断方式，不搞一次性下岗分流。

推进森林公园建设。建设森林公园是保护森林资源、发掘森林多种功能的有效方式。国有林场应当按照"场园一体、保护优先、融合发展"的方向，大力推进森林公园建设，充分发挥其森林教育、森林体验、森林疗养等多种功能。同时，在坚持生态优先、保护为本的前提下，支持国有林场依托森林资源发展其他林业特色产业。

③应用市场机制，创新管护方式

坚持科学营林。应用近自然林经营、森林健康经营等先进理念，科学编制森林经营方案，改善林分结构，提高森林质量，丰富生物多样性，增强生态系统的稳定性和碳汇能力，实现森林经营现代化、科学化。加强森林资源保护，严格按照森林经营方案编制采伐限额；经批准占用国有林场林地的，应按照规定足额支付补偿费用；及时纠正和处理各类违法违规占用林地问题。

推进市场化服务。切实加大政府购买服务力度，引入市场机制，将国有林场森林防火监测、有害生物防治等日常管护活动，交由具备条件的社会力量承担；也可以通过特许经营、合作经营等方式，吸引社会资本参与。鼓励省会公益组织和志愿者参与森林管护、森林科普教育等活动。

④促进可持续发展，创新投入机制

稳定森林管护投入。按照森林经营方案及森林经营技术规范、森林管护规范，制定森林经营和管护、森林消防和应急救援、有害生物防治等日常管护综合定额，确定管护经费，纳入财政预算。

保障基本建设投入。按照国有林场发展总体规划，加强基础设施建设，加大对林地供电、饮水、森林防火、管护站点用房、现代林业技术装备等基础设施建设投入，并纳入同级政府建设计划。

⑤健全保护制度，创新监管体制

建立健全国有森林资源资产产权制度。给不动产登记，进一步明晰国有林场森林资源权属关系，逐步建立归属清晰、权责明确、监管有效的森林资源资产产权制度。

建立健全森林资源保护制度。严守生态保护红线，实行最严格的林地保护制度，坚持林地用途管制，保持国有林场林地范围和用途长期稳定。探索建立国有森林资源有偿使用、资产化管理的相关制度。以国有林场基础上的森林公园和自然保护区为载体，建立环首都国家公园体系，探索建立京津冀国有森林资源协同保护管理机制。

建立健全森林资源考核评价制度。建立健全森林资源档案，加强森林资源监测，探索建立以生态服务价值为核心的国有森林资源资产考核评价体系。探索编制国有林场森林资源资产负债表，对国有林场场长实行森林资源资产离任审计。

⑥规范人事管理，创新激励机制

优化编制与岗位配置。根据国有林场的生态区位、面积大小、自然条件及管理职能等要素，统筹调剂国有林场人员编制，优化人力资源配置。合理设定国有林场管理人员、专业技术人员和骨干林业技能人员结构比例,增加专业技术中、高级岗位比例。根据人力资源社会保障部、国家林业局制定的《关于国有林场岗位设置管理的指导意见》,制定本市实施细则。

完善绩效工资分配政策。制定国有林场考核管理办法,科学设置领导班子及各类岗位考核指标体系,分层分类定期进行考核。以绩效考核为基础,完善绩效工资分配政策,落实国有林场分配自主权,切实发挥绩效工资激励作用。根据国有林场职工野外作业特点,绩效工资分配向野外作业人员倾斜。

创新人才工作机制。建立公开公平、竞争择优的用人机制,营造良好的人才发展环境;结合行业特点,研究制定国有林场吸引和留住人才的具体措施;加强人员培训,提高国有林场综合素质和业务能力。

(3)事企分开实行办法

①采取灵活多样的处置方式

管办分离。对森林旅游、林业特色产业等主要依托森林资源的经营活动,不与国有林场剥离,推行管办分离,实行“收支两条线”管理。

事企分开。国有林场所办企业与林场分开,对林木种苗培育、生防技术研发、园林绿化工程等林业企业,独立运营,服务于林业建设。事企分开后由同级政府制定机构履行出资人职责,加强和规范对企业的监管,确保国有资产保值增值。

关停并转。对于低效无效、长期亏损、不符合首都功能产业方向的企业,进行“关停并转”。

优化重组。企业与国有林场剥离后,条件适宜的按照产业集团化模式,进行整合重组,实施规模化经营,按照现代企业制度管理。

②妥善做好剥离企业的资产处置和人员安排

资产处置。对需要剥离的企业,由国有林场按照相关规定,组织开展资产清查工作。资产清查结果靖专项审计后,报同级财政部门审批。

审批后，按规定进行账务调整，办理产权登记等手续。由国有林场管理、企业使用的生产经营性资产，按照相关规定进行资产评估后，划转林业企业所有，签订企业国有资产划转协议，并进行产权登记，权属关系不明确或存在权属纠纷的企业国有产权不得进行划转。

人员安排。在企业工作的国有林场在编职工，可以自愿选择。选择回归国有林场的，国有林场安排合适岗位；选择留在企业的，职工与企业签订劳动合同。在企业工作的其他员工，按照企业劳动合同执行；企业关停并转的，由企业按照有关规定给予补偿。

③大力支持林业企业发展

过渡期。为大力支持林业企业发展，北京市给予林业企业 5 年过渡期，即自 2017 年至 2022 年。过渡期内，转岗进入林业企业的林场在编职工，其原有正常事业费，以及住房公积金和医疗、养老保险缴费由财政负担的部分，继续由财政部门拨付。

购买服务。国有林场要完善以购买服务为主的森林管护机制，将森林资源日常管护逐步引入市场机制，通过合同、委托等方式面向社会购买服务。鼓励林业企业积极参与国有林场购买社会服务竞争，为国有林场建设提供专业化、高质量服务。

④小结

北京市自 2016 年起将全市 34 个国有林场全部纳入公益事业一类单位，这一界定明确了国有林场改革的公益性方向，解决了其长期存在的职能不清、定位不准、属性不明问题，为国有林场改革发展夯实了基础，国有林场改革工作进入实质推进阶段。北京市在国有林场改革中推行事企分开，鼓励引入市场机制，国有林场在资源管护上向精细化、标准化管理转变，在生态服务上向发挥森林多功能效益转变。

（资料来源：北京市园林绿化局网站、中国林业网、首都之窗等）

2. 河北省国有林场森林资源管理机制运行情况

河北省现有国有林场 146 个，总经营面积 1294 万亩，占全省林地面积（11085 万亩）的 11.6%，主要分为事业（全额和差额事业单位）和企业性质两大类。林场主要分布在北部坝上、西部太行山、东南沿海等重要生态脆弱区域，承担着维护河北生态安全、构筑京津生态屏障的重要生态建设和政治任务，是河北生态建设、林业发展的中流砥柱。

（1）改革面临的主要困难及改革建议

①面临的困难

河北省国有林场资源丰富、人员基数庞大、生产生活条件恶劣，经营性债务与社会保障欠债较多。如何明确国有林场公益性事业单位性质，有效分流过剩人员，解决林场负债和保障职工福利，改善基础设施落后现状等重点、难点问题，成为挡在河北省国有林场改革工作面前的"拦路石"。

首先是管理体制不顺。1958 年以来，河北省国有林场隶属关系先后经历了 3 次下放—上收、再下放—再上收的变更。目前，国有林场中省直属的有 18 个，市属的有 4 个，县属的有 118 个。市、县管理的国有林场均为事业单位企业管理，大部分国有林场事业经费既没有纳入财政预算，又无企业应有的经营自主权。由于下放管理和"企不企、事不事"的体制，国有林场常引发许多矛盾和问题，造成生态建设停滞、森林资源破坏和林场人才流失。

其次是基础设施薄弱。由于河北省的国有林场建设的时间较久，且当时国家对其投入不够，使得这些国有林场的基础设施建设的标准较低。虽然近年来国家大力发展农村建设，但是国有林场的建设优惠政策却一直不能到位。据统计，全省国有林场现有办公危房 2209 间（占办公用房的 36%），生活危房 3776 间（占生活住房的 57%）；32 个场部、627 个营林区不通硬化公路。

最后是内欠外债缠身。截至 2013 年年底全省国有林场背负外债总额达 2.8 亿元，其中拖欠职工工资逾 9500 万元、拖欠职工养老保险费等社会保险金逾 2900 万元。很多国有林场因为欠下巨额债务，造成其发展陷入困境，职工的生活也无法得到保障。

②改革建议

只有明确领导体制、完善经营机制、拓宽支持政策体系、保障投资渠道畅通，在现行政策、法律、法规框架内，多管齐下、全面改革提升，才能突破国有林场改革面临的困境，实现国有林场改革的目标。

首先是实施财政扶持政策。一是将编制内人员全部纳入财政预算。二是支持解决好国有林场职工基本养老、医疗等社会保险的缴费问题。三是对国有林场发展营造林和森林抚育，发展林下种养殖业以及林地管护给予支持。从目前国有林场的发展现状来看，其仍然存在较多的难题，要对国有林场进行改革就要加大对其的投入。但是，从另一方面来看，国有林场拥有大量的土地资源和林业资源，是一笔数额巨大的资产，因此对其加大投入所获得的回报也是巨大的。同时，国有林场在职人员年龄结构决定了在未来 10 年内，安置职工的压力将完全消除。解决好体制机制问题，国有林场本身便可以利用其丰富的林地资源，通过发展林下经济、开展多种经营，取得可观的收入，在一定程度上减轻财政压力。因此，各级财政部门要加大对国有林场的财政扶持，从长远来看待国有林场的发展。

其次是加强基础设施建设。加大对基础设施建设的投入，将国有林场的基础设施建设列入当地的发展规划中去。对于贫困地区，应出台一些相应的优惠政策，扶持其脱贫；对于发展较好的地区，应加强管理，促进其更好更快地发展。对于受灾的国有林场，要积极进行救灾，并恢复其生产资金。通过将国有林场的基础设施建设纳入"村村通"工程范围、全面实施全省国有林场危旧房改造工作、实施防火基础设施建设等多种措施，要积极创造条件，分期分批改善国有林场管护站工作生活用房等基础设施。

然后是发展林业产业。根据当地的特色资源，大力发展名、特、优、新林产品生产加工产业。条件较好的林区可以建设一些森林公园，发展生态旅游业，使得国有林场能够得到可持续发展。同时国有林场应该调整树种、林种的培养结构，积极培育效益高、大中径级的林牧业。提倡科学经营森林，鼓励国有林场开展幼林抚育，在强化抚育间伐作业设计、方案审批和施工检查验收管理的基础上，对国有林场抚育间伐指标不足的，要积极支持解决。在不破坏森林资源的前提下，国有林场职工在完成森林资源管护任务后，可以承包国有荒山造林、中幼林抚育、低效林改造等生产项目，可以发展用材林、经济林、苗木、花卉、养殖、旅游服务、小型加工等经营项目，取得的收入归职工所有。

最后是加强科技人才队伍建设。结合现代林业高新科学技术和现代林业管理方法，大力发展林业产业。加强对科技人才的培养，定期开展技能培训和管理培训，建立一支有文化、有素养、有技术的科技人才队伍，促进林业产业的发展，保证国有林场的改革成效。

（2）承德市实施国有林场改革情况

河北省承德市北接辽宁、内蒙古、南连京津，地处滦河、潮河、辽河、大凌河四河发源地，密云、潘家口两库上游，科尔沁、浑善达克两大沙地边缘，是京津冀水源涵养功能区和京津的绿色屏障。从20世纪50年代开始，承德市国有林场经历了"三上三下"管理体制的变更，到2010年，6个正处级全额事业国有林场管理局中仅有丰宁、隆化两县保留正科级的管理机构，其他县的与县林业局合并；有51个林场由科级全额事业单位降为副科、股级，乃至没有级别的林场。林场级别降低后，改财政全额拨款为差额拨款或自收自支，工资没了保障，国有林场生产、职工生活难以为继。

2011 年 10 月，国家发改委、国家林业局确定河北省为国有林场改革 7 个试点省之一，承德市的隆化、丰宁两县 21 个国有林场被列为全国国有林场改革试点单位。2013 年 12 月，河北省林业厅、省发改委在承德市召开了国有林场改革试点工作启动会议，由此拉开了全省国有林场改革的序幕。林场改革历时 2 年，2015 年 1 月顺利通过国家验收组的检查验收。"两个试点县紧紧围绕'保生态、保民生'的总体目标，在省市县的共同推动下，理顺了管理体制，明确了管理机构级别，明确了人员编制和定位，提高了职工待遇，解决了职工后顾之忧，创新了发展经营机制，完善了考核用人办法，夯实了国有林场发展基础，林场活力显著增强，职工工作积极性明显提高，林区社会保持稳定，基本完成各项改革任务。"

①理顺管理体制，科学定编定岗

承德市按照水源涵养功能区定位要求，坚持生态公益性改革方向，将国有林场全部核定为生态公益型林场，本着"精简、高效、协调"和有利于国家生态建设、提高国有林场管理效率的原则，明确了以市级为主，市、县共管的管理体制。在隆化、丰宁两县分别设立国有林场管理局，规格由原来的正科级升格为现在的副处级，内设机构、所辖林场和调查队由原来的股级升格为现在的副科级，并结合所承担的职能和主要任务，设立管理岗位、专业技术岗位和工勤岗，实行岗位绩效工资制度，健全岗位职责、工作业绩、实际贡献紧密联系的分配激励机制。同时，通过自然减员、单位补缴养老保险、纳入城镇职工社会保险范畴、职工自愿提前离岗等方式进行安置，确保了职工队伍稳定。

②争取项目资金，改善生活条件

通过积极争取项目和自筹资金，隆化、丰宁两县 21 个林场的办公条件得到了明显改善。丰宁县林管局筹措资金近千万元，改善大滩、王营、四岔口 3 个林场场部和 60 个营林区的房屋建设。隆化林管处 10 个国有林场的办公用房全部实现新建，改造危旧管护用房 30 处。目前，两试点县的国有林场营林区 90% 实现了"十有"（有标准住房、有食堂餐厅、有大门围墙、有菜园厕所、有电视电话、有整洁环境、有制度职责、有文体物品、有奖惩措施、有检查评比）达标。同时，利用国家林区棚户区改造工程，两县分别在县城建设完成九龙湾家园（丰宁1016 户）、惠林家园（隆化县 813 户），实现了林场职工林区一张床安心生产、县里一套房安居乐业、由"山人"变为"市民"的梦想。

③转换经营机制，发展特色产业

两个试点县 21 个林场定性为公益型林场后，经营方式和经营理念随之发生转变，实现了由"砍木头"到"看林子"的转变。2014 年，隆化县林管局引进河北木兰林管局近自然经营方式，开展流域治理工程和目标树经营，完成了 3 个流域治理面积 1 万亩、目标树经营 1 万亩，使国有林业的林分质量和经营管理水平得到明显提高，成为全市学习推广的典型。同时，两试点县立足各林场资源、区位等优势，大力发展森林旅游、林下经济及特色产业，探索建立了"务林不砍林、养林不毁林、致富不卖林"可持续发展的经营理念。在抓好隆化茅荆坝、丰宁千松坝两处国家森林公园和郭家屯省级森林公园建设的同时，2014 年新增丰宁平顶山和柳树沟两处省级森林公园。平顶山森林公园 2015 年投入 280 多万元，建设山门、停车场、木栈道、水泥路等，10 月份对外开放；丰宁草原林场请国家林业局规划设计院编制了一级狩猎场规划，正在积极招商，由原来的卖木材变为了卖景观、卖生态、卖碳汇。

（3）小 结

多年来，在国家林业局、省委省政府的正确领导下，在社会各界大力支持与帮助和林场干部职工的共同努力下，河北省国有林场发展迅速，国有林场面貌发生了翻天覆地的变化，涌现了很多优秀典型。但是，还有很多林场，尤其是平原、深山地区的林场，生产生活条件与当地经济社会发展不符，职工收入不高、社会福利保障跟不上等落后现象存在，不同程度地影响着国有林场的健康发展。总结优秀林场的改革经验，可以更好地指导其他国有林场进行市场化改革。

（资料来源：以实际调研资料为主，参考《河北省国有林场改革工作思考》《理顺国有林场体制激活国有林业活力—承德市实施国有林场改革试点纪实》《河北省国有林场改革现状及建议》）

3. 山西省国有林场森林资源管理机制运行情况

山西省地处黄土高原、黄河中游，是全国重要的能源重化工基地，也是生态环境极为脆弱的省份之一。为了加强生态保护，改善全省人民的生存条件，新中国成立以来，山西省政府陆续组建了9大林区，全省现有267个国有林场。国有林场森林主要分布于山西省太行、吕梁两大山系主脊两侧生态十分脆弱的地区，以及黄河、海河12条一级支流的源头地区，对于控制河流泥沙淤积、阻挡沙漠南侵东进具有非常重要的作用，其不仅是维系山西生态环境的主体框架，而且是京津地区和华北大平原的一道重要生态防线。近年来，山西省国有林场工作紧紧围绕增覆盖、增蓄积、增效益的"三增"目标，不断深化改革、强化管理；坚持以人为本，创新发展方式，夯实发展基础，取得了较好的成效。

2016年，山西省印发《山西省国有林场改革实施方案》（以下简称《方案》），山西省国有林场改革全面展开。《方案》明确将原是事业单位的林场，主要功能定位为保护森林资源、提供生态公益服务和生态产品，按从事公益服务事业单位管理；国有林场实行省、市、县三级管理，鼓励市域范围内对所属国有林场进行优化整合，促进规模经营，推进政事分开、管干分离；将全省国有林场经营管理的生态公益林列入永久性生态公益林管理，予以立法保护；按照事权划分、分级负责的原则，将国有林场事业编制内人员相关经费纳入同级财政预算，改革后财政保障水平不得低于改革前水平。《方案》中提到的具体实施办法包括：一是科学合理整合机构；二是积极稳妥减编，实行岗位分类管理；三是妥善安置富余人员，建立购买服务机制；四是加强管理机构建设，推进林场科学管理；五是完善财务管理制度，用好中央改革补助资金；六是划定永久性公益林，扩大国有林场经营面积；七是创新监管机制，加强森林资源保护；八是注重森林资源培育，提高国有森林质量；九是强化人才队伍建设，提升林场干部素质。

在山西省国有林场改革实施过程中，引入政府购买服务、建立市场机制是一项重要工作。其中，山西省黑茶山国有林管理局是推行市场化机制的重要试点林局。黑茶山林管局及其下属国有林场在造林、公益林管护、森林资源有偿使用等方面的市场化运行均走在前列。

黑茶山国有林管理局是山西省林业厅直属的9大省直国有林管理局之一，位于山西省中西部，地处属黄土丘陵沟壑区。主要树种有油松、山杨、落叶松、云杉等，灌木种类主要有沙棘、小叶鼠李等。

近年来，黑茶山林管局围绕"绿化山西、生态兴省"的战略目标，按照"发展现代林业、建设生态文明、推动科学发展、促进绿色增长"的总体要求，推进国有林场改革、购买式造林、资产化管护、民营化产业、现代化治理"五项改革"，解放思想，开拓创新，呈现出"局兴厂荣职工富"的新局面。

（1）购买式造林

购买式造林，是政府向社会力量购买服务的市场机制在林业改革上的具体应用，其内涵是把过去政府事前投资造林的做法，转变为引导社会力量根据林业部门的规划设计先行造林，经检查验收合格，政府对社会力量完成造林所投入的资金、技术、劳动力等综合成本以及合理利润进行购买。在造林机制上，变过去"过程管理"为"结果购买"；在组织管理上，由黑茶山林管局统一规划设计，林场具体落实，职工或林农自主造林，3 年后按标准收购。其主要流程如图 1 所示。

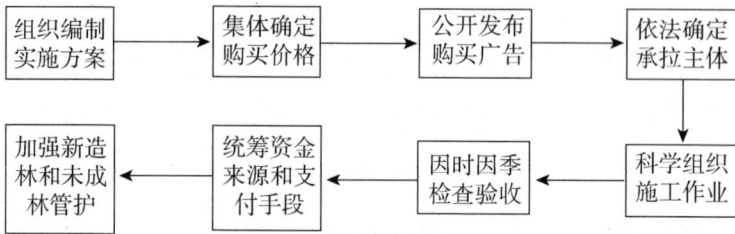

```
组织编制        集体确定        公开发布        依法确定
实施方案   →   购买价格   →   购买广告   →   承拉主体
                                                   ↓
加强新造        统筹资金        因时因季        科学组织
林和未成   ←   来源和支   ←   检查验收   ←   施工作业
林管护          付手段
```

图 1　购买式造林流程图

同进，黑茶山林管局积极推进市场化造林，创新造林体制和机制，充分调动群众和职工营造林的积极性，3 年完成县局合作造林 6 万亩，购买式造林 8 万余亩，参加造林职工 1300 人次，职工年人均增收 3000 元。

与此同时，黑茶山林管局各单位积极探索，创新合作形式，摸索出厂企合作、乡厂合作、职工与林农合作等联营、股份合作制造林模式。以县局造林合作为例，按照 5 年合作造林 10 万亩的规划，2016 年黑茶山林管局继续和岚县人民政府实施县局合作造林 2 万亩，争取到岚县财政配套投资 500 万元，工程全部实行了招投标制和监理制，在营造林工程施工中雇佣建档立卡贫困户 2281 人次，贫困户总计收入 1353 万元，人均收入 5932 元，在当地树立了省直林管局的良好形象。

（2）资产化管护

黑茶山林管局开展森林资源"精细化管理、资产化管护"旨在转变森林资源管护机制。其基本内涵是：结合林地变更调查，在查清森林资源底数、明确培育目标的基础上科学划分责任区，以合同形式将每个责任区的森林资源管护、培育和设施建管任务核定落实给管护人员。管护人员在管护森林的同时承担适量的造林、改造及设施建设维护任务，同时适度开发利用林下资源，发展林下经济。资产化管护的主要流程如图 2 所示。

```
┌─────────────┐
│  摸清资源底数  │
└─────────────┘
       │
┌─────────────┐
│  开展综合规划  │
└─────────────┘
   │       │
┌────────┐  ┌────────┐
│制定权责清单│  │选聘管护人员│
└────────┘  └────────┘
      │       │
   ┌─────────────┐
   │  规范交付手续  │
   └─────────────┘
          │
   ┌─────────────┐
   │  签订管护合同  │
   └─────────────┘
    │     │     │
┌──────┐┌──────┐┌──────┐
│实行精细化││调整收入分配││实行动态考核│
│管理   ││     ││     │
└──────┘└──────┘└──────┘
```

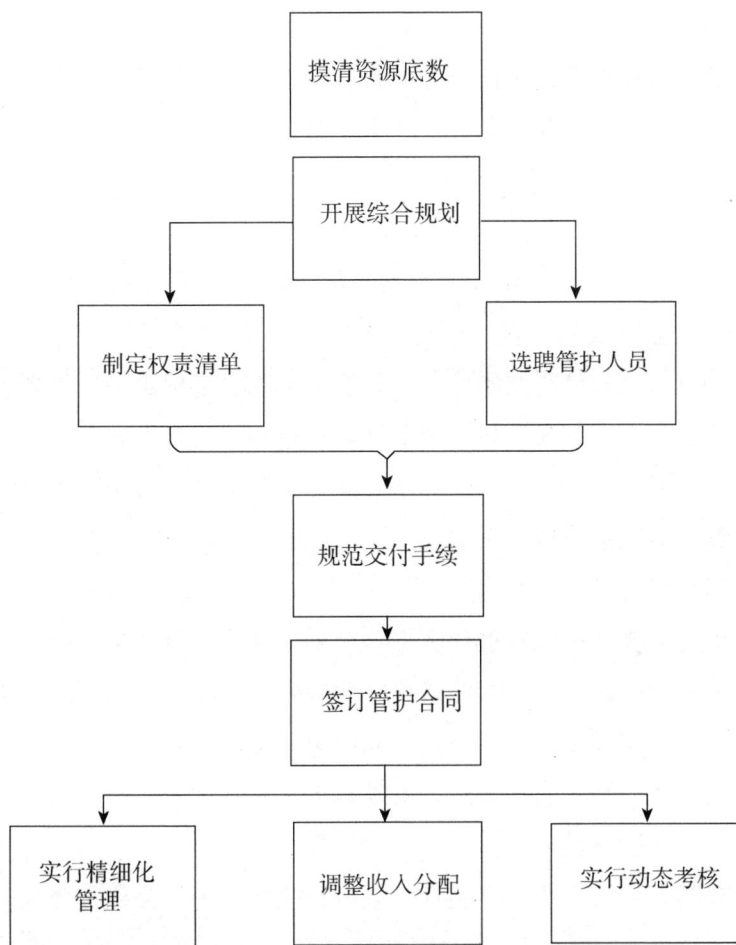

图 2　资产化管护流程图

①摸清资源底数

结合林地变更调查，组织技术人员、管护人员完成辖区内林地资源二类调查，摸清每个责任区内森林资源底数，对需要造林、改造的宜林地、灌木林地、低质低效林面积，野生动植物、林下中药材、菌类等森林资源分布，林道、围栏、标牌等林业设施，以及偷砍盗伐、非法占用林地、森林灾害等现状，以小班建卡建档，综合平衡森林管护难度、森林培育任务、水系流域界限、可利用资源状况等因素，调整原有责任区界，划定新的管护经营责任区。对林权情况，尤其是林权纠纷地块要登记清楚。要结合林地变更调查，调整、修改公益林资源数据，使资源数据与"林地一张图"保持一致。

②开展综合规划

参照经营方案编制要求，编制管护经营责任区"精细化管理、资产化管护"综合规划。重点明确森林管护、森林"三防"、荒山造林、疏林地补植、灌木林和低质低效林改造、基础设施建设等项目规划，明确实施进度和组织方式、林下资源开发项目和强度，上表上图，形成规范文本。根据规划方案，每个林场选择一个管护站或一条流域，由驻站管护员试行实施生态建设工程。

③制定权责清单

各单位围绕管护经营责任区综合规划，制定权责清单，明确管护员的职权和薪酬待遇。制定责任清单，明确管护员职责内的资源保护、生态建设等任务和质量标准。制定负面清单，明确禁止、控制或限制的事项和处罚方式。制定监管清单，明确林场的监管内容、措施和方式。

④选聘管护人员

结合国有林场改革，充实管护队伍，按照公平、公正、合理、自愿的原则，建立和完善"以设施管护为基础，集中管护与自主管护相结合、委托管护为补充"的森林资源综合管护体系，并实行双向选择，通过竞争聘用管护员。公开竞争进行承包管护责任区，原则上一个管护区由一名管护员进行管护，并优先考虑本单位正式职工聘用管护员岗位，在本单位职工缺位的情况下，可考虑林局其他单位的职工应聘意愿，也可与驻地政府的精准扶贫相结合，或面向各其他社会力量购买管护服务。对于不愿意从事管护岗位、也没有适合岗位应聘的职工，按待岗人员对待。

⑤签订管护合同，完善交付手续

林场与应聘的管护员现场交付管护责任区，制定责任区界，确定管护目标、任务、经营措施等，并签订协议。管护期限原则上签订到2020年天保二期工程结束，50岁以上的林局职工，可根据身体状况签订到退休。合同期满，林场可根据实际情况与管护员续订管护合同。对于合同期间管护员发生疾病等不能从事管护工作的，应重签管护合同。管护员的基本职责是：森林管护，管护区内管护设施及新造林地的管护，实施林场安排的生态建设等。

⑥实行精细化管理

加强局、场、站、员、所五级队伍建设，完善场、站、员的日常管理制度建设，加大GPS巡检覆盖面积，改善管护设施建设。转变观念，提升理念，结合全流域治理、全林分经营，将森林保护、培育、利用"三结合"。量化考核指标，严格考核、监督、检查、验收，统一过程管理与结果管理，保障森林资源管护工作实现规范化、精细化、常态化和法制化，提升天保工程现代化治理水平。

⑦调整收入分配

管护员完成职责内管护任务，应当领取基本的管护补助。结合流域治理、购买式造林等机制，管护员额外完成造林、林业设施建设任务，可按相关项目投资管理办法，依据验收结果获得报酬。在确保不破坏森林资源、森林生态功能不降低的情况下，鼓励管护员开展林下资源开发利用，但须编制工作方案，经林场审核，报上级管理部门审批后方可实施，收入按规定分配。

⑧实时动态考核人员激励

根据《山西省黑茶山国有林管理局森林资源"精细化管理、资产化管理"考核办法》，对林场、管护员进行常态化考核，实行动态管理、量化评价、奖惩挂钩、定期兑现的办法。林场采用"固定工资＋绩效工资"的职工薪资模式，通过绩效工资激励职工完成管护任务。

黑茶山国有林管理局资产化管护的顺利实施，真正实现了"地定责、林定权、人定心"，形成了"山有人管、林有人护、责有人担"的管护模式，为林区的森林资源安全加了一把保险锁。

（3）民营化产业

按照"民营公助、单位创造环境、职工创造财富"的办法，黑茶山林管局设立了民营化产业改革扶持资金100万元，储备项目42个，扶持引导职工群起创业。

林管局鼓励管护人员在完成管护任务和不破坏森林资源的前提下，充分利用林区森林资源优势，发展林上林下复合经济，优先参与造林、封山育林、森林抚育、林下特色种植与养殖。

通过发展家庭林场、组建农林专业合作社，因地制宜发展品牌产品，通过典型示范，推广先进实用技术和发展模式，辐射带动林场职工积极发展林下经济，帮助扶贫对象参与林下经济发展。先后涌现出中寨林场职工林下乌鸡养殖、马坊林场管护员林下马匹养殖，不断探索适合国有林场的林下经济发展模式，发展规模化、生态化养殖，提升林下经济综合效益。

黑茶山林场科学规划，以"健康养生、休闲度假、生态旅游、体验自然"为理念，引入社会资本和先进的管理方式，以森林旅游带动地方经济发展。合理开发魏家滩林场产业沟和南阳山景区森林旅游。其中，南阳山景区森林公园采取与社会资本合作开发的形式，成为集旅游避暑、寻根、狩猎、垂钓、娱乐为一体的综合性森林公园，林场年收入达12万。同时，山西省林业厅及各国有林管理局正积极谋划，整合资源，在不破坏生态环境的前提下，发展规模化、品牌化的特色旅游产业。

通过民营化产业的推进，林场职工增加了收入、林管局增强了发展活力，实现了保护与发展互动，生态与民生的双赢。

（4）小结

山西省地处黄土高原、黄河中游，是全国重要的能源重化工基地，也是生态环境极为脆弱的省份之一。近年来，山西省国有林场由自收自支的事业单位转变为公益类事业单位，实行全额预算管理，各林场由注重市场效益转变为重视生态保护。通过国有林场改革，以黑茶山国有林管理局为代表，购买式造林、资产化改革及民营化产业的推动，为国有林场持续经营、改善生态环境、理顺管理体制以及增强国有林场发展后劲作出了巨大贡献。

（资料来源：实际调研资料）

4. 黑龙江省国有林场森林资源管理机制运行情况

黑龙江省地方林业系统经营面积超过 1100 万 hm^2，占全省林业经营总面积的 37.5%，年产商品材 160 万 m^3，森林覆盖率达 46.9%，森林蓄积 4.6 亿 m^3。全省天然林中主要是次生林和过伐林，由于更新造林历史较短，人工林中幼龄林、中龄林面积居多，成过熟林面积较少，仅占人工林总面积的 0.75%。而且造林树种单一，主要以落叶松和杨树为主，人工林多为同龄纯林，少有异龄混交林。单位蓄积量低，林分质量差，生态效益难以得到充分发挥。

2013 年，黑龙江省地方国有林业创造总产值 250 亿元，完成人工造林 7.93 万 hm^2，封山育林 4.1 万 hm^2。实施林业重点工程项目以来，国家累计投入资金 40 亿元。截至 2014 年年末，全省共有地方国有林场 369 个（生态公益型林场 357 个，商品型林场 12 个），国有苗圃 64 个。地方国有林业职工 69041 人，其中在岗职工 38500 人，离退休职工 18568 人，混岗职工 11973 人。同时，应参加养老保险 41298 人，实际参加养老保险 33485 人，尚有 7813 人未纳入养老保险。离退休人员养老保险总额为 34136.3 万元，其中社会保险负担 16855 万元，林场负担 17281.3 万元。地方国有林业在岗职工年人均工资 11769 元，不足黑龙江省在岗职工年均工资 26535 元的 1/3。截至 2014 年年底，地方国有林场债务总额高达 320940.85 万元，拖欠职工工资 57417.4 万元，拖欠退休金 11728.3 万元，拖欠社会保险费 64237.65 万元，金融机构贷款 35620.8 万元，其他应付款、借款等 108143.85 万元。

2014 年年初国家林业局下发了《关于切实做好全面停止商业性采伐试点工作的通知》，规定自 2014 年 4 月 1 日起，黑龙江省内国有林区龙江森工集团、大兴安岭林业集团公司停止天然林商业性采伐。2015 年年初中共中央、国务院印发了《国有林场改革方案》《国有林区改革指导意见》（6 号文件），对国有林区改革进行了全面部署。

（1）龙江森工林区改革进展情况

①"停伐"政策落实情况

一是"停伐"执行坚决。该区组织了 9 个检查深入各林业局采伐一线监督检查，严格林业管理，深入开展非法侵占林业排查专项行动，遏制违法侵占林地行为；开展资源专项整治行动，加大林政案件查处力度。停伐前实际完成产量 36.32 万 m³，比计划节约 26.26 万 m³，没有发现超限乱采问题，实现了停得下、稳得住、不反弹的目标；组织开展"林鹰""绿剑"行动，对偷盗林木和非法侵占林地行为进行了专项打击，查处林政案件 4362 起，查处率 100%，清理收回林地 9496 公顷，挽回经济损失 592.05 万元。

二是债务负担沉重。各企业尚有金融机构债务 48.67 亿元（不含棚户区改造贷款），主要包括木材采伐、加工企业剩余债务，其中林业局木材采伐 11.17 亿元，加工企业 37.5 亿元。

三是企业转产顺利。该区启动了"产业转型三年攻坚战"，重点发展森林食品业、生态旅游业、种植养殖业、北药业、苗木花卉业、仓储物流业、对外资源开发和木材精深加工等 8 大产业，突出发展森林食品业、生态旅游业。

② "政企分开"推进情况

稳妥推进管理体制改革。该区的总体思路是按照6号文件"暂不具备条件的地区，可以先在内部分开运行和管理"的要求，采取"稳妥推进、分步实施"的方法，先实施内部政企分开，理清森林资源管理、林区社会管理和经营管理三条线，将森林资源管理、林区社会行政管理两项政府职能与企业经营职能分开，待条件成熟，再将森林资源管理职能与社会行政管理职能分开，并在柴河、清河、绥棱、五营林业局进行试点。其具体改革措施包括，在机构上实现三分离，理清资源管理、社会管理和企业经营"三条线"，按照"三条线"的布局架构，做到"职能、机构、人员、资产、费用、核算"6个方面分开；在人员上实现三分离，做好摸底工作，搞好清产核资问题。

③ "精简森林资源管理机构"执行情况

以森工总局（林管局）、林业局、林场（所）所有的行政管理体系为主体，构建重点国有林区管理总局（管理分局）、国有林区管理局、林场所行政管理体系；以现有的国有林区经营体系为主体，构建黑森企业集团总公司、子公司、黑森经营公司企业运行体系。而大部分林业局采取的做法是：严格控制机关机构、人员、经费，本着机构只减不增、人员只出不进的原则，即"以时间换空间"的方式，通过退休人员离岗逐年减少管理人员；也有部分林业局在近几年进行了机构改革，重设机构和人员，但并未真正裁减人员。各林业局按照总局部署，也制定了机构改革方案，待总局核定人员编制、配齐人员、上报国家、给予职工明确身份后再开始运行。

④ "创新森林资源管护机制"执行情况

停伐一年来，该林区加强了后备森林资源培育和管理，完成更新造林2.17万公顷，森林抚育40万公顷。森林资源管护基础建设也得到加强，更新完善了森林资源档案和森林经营方案，把森林、湿地、植被、物种4条生态保护红线纳入其中，建立林业局资源监测体系。由于森林资源管护力度大，2014 年森林病虫害发生面积较 2013 年减少 40872 公顷，减少幅度为 18%；林政案件发生数较 2013 年减少 670 起，案件发生率下降 13.3%。

撤并整合林场（所），实施生态移民。该林区加快深山远山林区职工搬迁，拟撤并整合林场（所）188 个，现已经撤并了 100 个林场（所），使 2 万户、5.7 万名林区分散居住人口向林业局局址和中心林场集中，这有利于森林资源管理，减轻其承载压力。

加强保护区建设。该林区保护区数量增加至 24 处，其中国家级保护区 10 处，国家湿地公园 5 个，保护区面积由 67.9 万公顷增加到 122.2 万公顷，同时加强了森林防火和病虫害防治工作。

加强森林管护，建立健全管护承包责任制。在近山区，有的林业局以家庭承包管护为主，如柴河林业局在管护经营富集区以竞价承包方式交给下岗待业职工；而有的林业局以专业队管护为主，如鹤北林业局、方正林业局。对于购买服务方式在各林业局没有广泛推广，且有些林业局认为购买服务目前并不可行，一旦发生火灾等突发事件，服务方很难保障森林资源安全。

⑤ "创新森林资源监管体制" 执行情况

在现有的森林资源监督机构基础上，成立森林资源监管分局，并向林场（所）派驻监管专员，代表森林资源所有者履行森林资源监管、森林资源保护等行政功能，落实好森林资源的监督检察权，如黑龙江森林资源管理局对 "三江" 林区及伊春林区资源监管分局实行垂直管理，实现森林资源监督和管理分开运行的监督体制。

⑥民生改善情况

一是努力提高职工和居民收入水平。除了提高工资性收入外，鼓励职工开展家庭经营，林业局给予职工一定的资金和政策支持，职工中出现了营业性收入超过 10 万元、50 万元的大户。

二是完善社会保障体系。"五险" 参保率在 95% 以上，10.1 万名

"五七工、家属工"进入养老保险统筹,启动了住房公积金,已完成近7万名林区职工的公积金建户工作。

三是推进林区城镇化建设,完善基础设施建设。龙江森工完成棚户任务10.6万户,同时林区还大力发展教育、卫生、养老等社会事业。

⑦富余职工安置状况

自实施天保工程以来至全面停伐前,该林区累计产生10.2万富余人员(不包括一次性安置),而全面停伐又导致4.5万人从事木材生产及相关行业人员急需转岗分流,经过一年的努力,通过向森林资源管护、森林抚育、林下经济、非木产业转岗分流和劳务输出等方式,已妥善安置3.4万富余人员,还有1.1万人没有得到妥善安置。各林业局停伐后产生富余人员及安置情况有所不同,例如新产生富余人员以五营林业局最多,其次是方正林业局,而柴河林业局因在停伐前木材生产规模已经大大缩减,主抓产业转型,发展多种经营,因此当前在转型就业方面面临压力相对较小。

(2)大兴安岭森工林区改革进展情况

①"停伐"政策落实情况

按照国家的总体要求,全面落实停伐政策,该林区多次组织开展停伐监督、重点强化采伐源头、加工销售、检查站、管护站等关键环节掌控,力争做到1立方米木材不采,确保停得下、稳得住、不反弹。

将生态旅游、绿色食品、生物制药等作为产业转型的方向,但在产业转型方面,各个林业局发展并不同步。

②"政企分开"逐步推进

该林区成立了国有林区改革领导小组,主要领导担任组长推进改革工作。

听取各层面意见。从计划、财务等科室抽调精干力量组成调研组到各县区局实地调研摸底,结合实际情况形成了《关于县区局体制改革的调研报告》。

研究制定了《大兴安岭国有林区改革实施方案》，待进一步审定后即可报省政府和国家林业局审批。

③精简森林资源管理机构

在大兴安岭林业集团公司（林管局）、林业局、林场的基础上组建国有林管理机构，由大兴安岭国有林管理局、国有林管理分局、林场组成三级管理构成。国有林管理局与大兴安岭地区行署暂时保持合署办公，下辖的管理分局与所在县区政府分开。林管局和林管分局坚持"机构只减不增、人员只出不进"原则，确定机构编制总体框架、撤并职能弱化部门，合理确定人员编制和规模，5 年内严禁招录人员，加快清理消化超编人员，建立精简高效的国有林管理机构。

④创新森林资源管护机制

按照森林资源和林道分布情况及管护难易程度，调整管护区划布局，对现有管护区进行重新划分和调整，缩小单元管护半径，充实管护力量，全区增设 18 个林场级管护区，进一步增加了森林资源管护成效。其主要做法是：远山设卡、近山划责任区，与管护人员全面签订委托管护协议，采取管护承包责任制方式落实森林资源管护责任，实现管护责任全覆盖。新林局实行局、场二级森林资源经营工作制，林业局设立森林资源管护责任，实现管护责任全覆盖。同时，林业局设立森林资源管护大队，负责全局森林资源管护工作，在各林场设立管护中队和小队。十八站林业局探索管护区、中心管护站、家庭管护站三级管护模式，现已建立 1 个中心管护站，20 个家庭管护站，鼓励职工从事家庭管护经济。

⑤创新森林资源监管体制

建立国家林业局派驻大兴安岭国有林管理局、国有林管理分局资源监督办的监管体系，恢复派驻加格达奇林业局资源监督办，优化监督机构设置。

⑥民生改善情况

推进林区城镇化建设，完善基础设施建设。大兴安岭区全力完善交通基础设施，先后建成漠河机场和加格达奇机场，林区稳步推进棚户区改造工作，完成林业棚改结转项目 31.3m²、新建 19.7m²，住房条件有所改善。此外，大兴安岭林管局也在不断扩大社保覆盖面，提高参保率。

⑦富余职工安置状况

大兴安岭林区全面停伐导致 13304 名富余人员，通过向森林管护、营林生产、森林防火岗位和劳务输出、境外采伐等方式安置 4964 人，但仍有 8340 人未得到安置。各林业局已将因木材停产带来的大量富余人员的转岗就业工作作为当前重点工作来抓，通过开展森林资源管护经营、人员造林、森林抚育和劳务输出，发展绿色食品、种养加工、森林旅游等替代产业，增加公益性岗位等，促进富余职工转岗分流。

（3）黑龙江省国有林区改革建议

①合理处理历史遗留问题是改革解冻的良药

处理历史债务和扶持木材加工企业转型是处理历史遗留问题的两个关键部分：

一是妥善处理历史债务。历史债务是森工转型不可绕过的包袱，可通过一定程序豁免森工企业金融债务，在豁免期间，可先期实行停息挂账，如不能停息挂账，可给予利息或亏损补贴，逐步解决林区金融债务负担。

二是给予木材加工企业适度扶持政策。现有木材加工企业与国有森工企业有着千丝万缕的联系，木材停伐对加工企业的影响最大。我们应该加大对林区绿色食品、生态旅游、健康养老、文化和仓储物流等接续产业扶持力度，在产业引导资金，项目立项和审批等方面重点倾斜，并根据实际情况对关停情况及关停并转木材加工业企业和下岗职工给予一定政策补贴。

②妥善安置富余分流人员是推进改革不可回避的问题

对于改革产生的富余人员，国有林场应根据不同情况尽快进行分流安置：

一是，建议国家比照枯竭矿山关闭破产提前退休政策，对森工林区职工给予 5 年退休政策，即男满 55 岁、女满 45 岁的职工实行退休；对从事繁重体力劳动和其他有害健康的特殊工种职工给予提前 10 年退休政策，即男满 50 岁、女满 40 岁的职工实行退休。

二是，对安置人员比照执行提前退休政策。

三是，给予小额贷款、贴息贷款、技术培训、创业补贴等政策，重点扶持发展林下经济、家庭经济、种植养殖、森林旅游等经营项目，鼓励富余人员自主创业。

③加大财政支持是改革顺利推进的润滑剂

国有林场通过对天保工程补助提标扩面来加大财政支持政策：

一是，提高天保二期工程社会保险补助费的财政补助标准，将社会保险缴费工资基数和比例，先按照 2011 年省社平工资基数 80% 给予补助，再根据各地实际情况，逐渐增加补助标准，并实行动态管理。

二是，增加社会性专项补助金标准，提高林区医疗卫生机构、政社性人员和公益性岗位人员经费补助标准，并随着社会平均工资标准的提高给予适当增加。

三是，将林区职工住房公积金、御寒补贴、取暖费、城镇运营和维护费、城镇居民养老保险、医疗保险配套资金以及森工国有退休人员医疗保险补助资金纳入天保补助范围，而补助标准和补助比例有待研究。

四是，适度提高管理费标准，由每亩 5 元提高至每亩 6 元，并随经济发展水平的逐步提高，科学合理制定与分配管护任务，缩小各林业局分配管护费标准差别。

五是，提高森林抚育补助标准，由每亩 120 元提高至每亩 150 元，并根据工资和物价标准动态调整，适度增加森林抚育量。

六是，适度调整停伐两级管理费补助标准，减少国家与森工企业之间的相互差距。

④适度产权创新是增强改革开放活力的辅助手段

根据区划特点和保护需求，划定区域适度进行产权创新，可以增强改革动力，激发改革活力。划定一定区域放活林地使用和经营权，给予基层森工林业局更加灵活的林地使用政策，可方便林业局以此为依托，在不破坏森林资源的情况下，搞活林区经济，从而解决停伐改革后企业转型难、发展接续替代产业资金不足等问题，从而以此为基础，增加就业和提高林农收入，带动区域经济发展和民生改善。

（4）小　结

黑龙江省是林业大省，森林资源极为丰富，有林地面积和木材产量均居全国首位，是国家重点林区之一。经过一系列的改革之后，在生态建设方面，其森林资源状况明显改善、森林资源管护初见成效；在经济发展方面，其经济总量有所下降、经济结构有所优化、木材加工业生产萎缩；在民生改善方面，其国有林区职工家庭收入状况堪忧、林区职工家庭的居民消费支出有限、职工家庭就业困难、职工家庭对社会保障方面满意率低。

（资料来源：《2015 林业重大问题调查研究报告》—国有林场改革调研报告）

5. 浙江省国有林场森林资源管理机制运行情况

浙江有 108 个国有林场，大多地处江河源头和生态脆弱核心区域，经营管理着 354 万亩森林，承担着维护浙江生态安全的重任。

浙江省人民政府在 2008 年就印发了《关于加快推进现代国有农林

渔场建设的若干意见》，明确了浙江省积极推进国有林场定性定位定编、管理体制、社会保障、人员分流、历史债务化解等方面改革，并取得显著成效。国家林业局调研组在调研浙江省国有林场改革工作时肯定了浙江省国有林场改革的做法，称其改革方向、原则、定位符合国家改革思路。浙江先行先试吹响国有林场改革的号角，在转型中寻求方向，积累经验。

2013 年 8 月，经国务院同意，国家发展和改革委员会、国家林业局正式批复了浙江、安徽等 7 个省的国有林场改革试点方案，标志着我国国有林场改革试点进入了实质性推进阶段。浙江省杭州市、温州市、金华市等 7 个市的 89 个林场已纳入首批的国有林场改革试点单位。

2015 年 2 月，中共中央、国务院印发了《国有林场改革方案》《国有林区改革指导意见》。它要求国有林场按照分类推进改革的要求，围绕保护生态、保障职工生活两大目标，推动政事分开、事企分开，实现管护方式创新和监管体制创新，建立有利于保护和发展森林资源、有利于改善生态和民生、有利于增强林业发展活力的国有林场新体制。浙江省林业厅厅长林云举说，此要求的一些工作做法吸纳了浙江经验。

（1）完成林场改革"三定"工作

浙江省首先明确了国有林场公益性质，增设国有生态公益林保护站。明确了整合后的 80 个国有林场为公益性质定位，其中 32 个定性为公益一类事业林场，占总数的 40%；47 个定性为公益二类事业林场，占总数的 58.8%；淳安县林业总场成立之初即为企业，此次改革也定性为企业，政府通过购买服务的方式给予支持，对 1.05 万 hm² 县级公益林每年补助资金 399.6 万元。

其次是明确编制核定标准。各地参照试点方案要求，按照每个林场配备管理人员 5 ~ 10 人，以及每万亩生态公益林配备从事公益林管理、建设、科研等工作 8 人左右的定编标准，采用定编不定人，自然减员至核定编制数的灵活方法，80个国有林场共核定了2428个编制。开化县采取严格控制新进人员的方法，3年内人员"只出不进"，3年后每年安排1~2名新进人员指标，用于招聘紧缺类或高层次专业技术人才，以改善队伍结构。

最后是有力的财政支持。浙江省将国有林场事业经费纳入当地财政预算管理，事业经费从改革前的每年4100万元增加到了目前的每年1.11亿元，增幅达171%。落实财政资金，彻底解决林场经费短缺的问题，建立了以公共财政投入为主的国有林场新的管理体制。

（2）加强林场资源保护，推行政府购买服务方式

浙江省严格执行国家及省有关法律和政策规定，加大国有林场森林资源资产保护力度，严防国有林场森林资源资产被随意收缴、归并、侵占。"十二五"期间，浙江省下达给国有林场的森林采伐限额总量为32.9万 m^3 ，实际采伐量仅为12.7万 m^3 ，减少消耗20.2万 m^3 。改革前武义县林区一线管护人员不足10人，改革后林区管护一线人员达33人，在林场职工基础上组建的县森林消防队也直接参与各林区的林政检查和防火宣传，森林管护力量显著增强。在改革试点过程中，全省没有发生破坏森林资源的重大案件。国有林场森林覆盖率由改革前的91%提高到改革后的92.2%，森林蓄积量由改革前1860万 m^3 提高到改革后的2054万 m^3 。

积极倡导通过政府购买森林消防与护林服务，进一步转变政府职能和管护方式，由直接、行政性管护转变为间接、社会化管护，通过政府向社会组织购买服务的方式，对森林资源实现有效管护，积极扶持和培养社会化森林消防与护林组织，建立森林消防与护林工作新机制，探索适应新形势发展要求的森林消防与护林服务新模式，预防和减少森林火灾，制止乱砍滥伐、乱征滥占等破坏森林资源行为的发生，维护林区安全稳定，推进生态文明建设。

（3）加强队伍建设，提高国有林场人员素质和业务能力

①现有人员妥善安置

退休人员实行社保化管理。退休人员未全部社保化管理使国有林场经济负担沉重，改革上要通过政府协调和多渠道进行资金筹措，建议符合提前退休条件的办理退休手续，实现退休人员社保化管理。

多形式分流安置富余职工。要通过合理核定人员岗位，对富余人员妥善分流，林业部门内部可以实行人员流转，城市市政、乡镇部门也可以安置部分富余人员。

②有效加强队伍建设

一是制定优惠政策，引进高端管理和技术人才，建立公开公平、竞争择优的用人机制。

二是对国有林场发展亟须的管理人员、专业技术及护林员等林业特殊岗位人员，在选聘上给予政策倾斜，放宽报考条件，降低准入门槛。

三是采取定向培养方式加强人才培养，林业部门积极协调教育、人力资源和社会保障等部门，实施定向培养等方式拓宽人才引进渠道，增加新鲜血液，优化队伍结构。

四是依托林业大学、院校优势资源，加强国有林场经营管理人才、科技人才和实用人才的培养，努力提高国有林场干部职工队伍的整体素质。

五是邀请林业科研单位品学兼优的年轻干部，赴市、县国有林场挂职锻炼，并建立持久有序的交流机制，逐步提高市、县国有林场的经营管理水平。

③提高林场职工认同感

改革要坚持发展林业、服务社会、关注民生的思想，努力发挥国有林场的生态服务功能，满足社会对森林生态功能的巨大需求。同时，要发展林下经济、生态旅游等绿色生态产业，满足林场职工日益增长的物

质需求。要进一步强化"文化兴场"理念，大力弘扬生态文化，提升林场文化内涵。要建设环境优美、整洁、靓丽、温馨的园林式林场和庭园式护林站（点），通过实施国有林场改革，改善林场职工生产、生活条件，提高职工收入水平。让林场职工对林场具有认同感，树立林场职工兴林富民的使命感。

④积极发展富民产业，不断提高职工的收入

浙政办函〔2013〕91号文件提出，承担生态公益林管护任务为主的国有林场，也要积极发展林区畜牧业、种植业等，增加经济收入。要在不破坏资源并充分保护和利用资源的前提下，鼓励因地制宜发展绿色富民产业。

一是发展森林生态旅游产业。目前浙江已有70个国有林场建起了森林公园（其中，国家级森林公园31个，省级森林公园39个），我们要充分用好这块牌子，充分发挥森林景观资源丰富的优势，把森林旅游作为新的经济增长点。

例如温州市提出将森林旅游作为城市品牌产业来打造，苍南林场争取政策，建起玉苍山国家森林公园，并争取到温州市第二届森林旅游节的主办权。借节扬名，苍南林场的森林旅游产业风生水起，年旅游收入超过2000万元，利润近300万元。经济好转的苍南林场未忘主业，每年都将门票收入的1/3作为森林管护经费，建立护林防火电子监控系统，组建了一支专业化森林消防队伍。

越来越多的浙江国有林场开始涉足森林旅游业，举办登山、自行车骑游、摄影等活动，将游客请进山林。目前浙江省全省已建成70个省级以上森林公园，年接待游客3000多万人次，收入近百亿元。

二是科学培育商品用材林，大力培育具有区域特色的杉木人工林造林基地，培育大径材资源；加强良种繁育，积极发展珍贵树种，增加木材战略储备。例如林村林场开展林药间作，在林下套种金银花、多花黄精和铁皮石斛，培育林场新的经济增长点。

　　三是大力发展林下经济。种植香榧和山核桃，开展林下套种中草药，种植金银花、铁皮石斛、多花黄金等，培育林场新的经济增长点，提高职工的收入，实现生态、经济和社会效益最大化。例如江山林场依托资源发展生态养殖，办起了养猪场和獭兔生产基地，每年创收几千万元。白云山生态林场投资 200 多万元，建设 101 亩香榧基地和美国山核桃基地，实现了生态、经济和社会效益最大化。

　　部分保有采伐经营额的国有林场，积极开展 FSC 森林认证，提高商品林的经营水平。昌化林场是我国第一家获得 FSC 森林认证的单位。"FSC 机构的评估非常严格，何时造林、何时抚育、何时采伐，对林地周围的生态有何贡献，涉及林地、林木管理的每一个环节，都有严格的要求，一项都不能有偏差。"昌化林场场长雷福民说，"对不符合标准的项目，他们会进行专业培训，帮助改进。这大大提高了林场森林经营水平。"雷福民告诉记者，只要是贴上 FSC 认证标签的木材，不仅能顺利进入欧美国家，售价比市场价还高出 30% 。如此一来，不少林场学起昌化林场的做法，积极申请森林认证。开化林场、庆元林场等 6 家国有林场相继获得 FSC 机构的认证，浙江省全省森林经营水平上了一个新台阶，实现了生态与经济效益的双赢。

　　⑤小　结

　　浙江省通过林场改革，实现了生态与民生共赢。一方面，通过多年封山育林、科学营林和资源保护，国有林场已成为浙江省森林资源最丰富、森林景观最优美、生物多样性最富集、生态功能最完善的区域。另一方面，浙江省大力发展富民产业，包括森林旅游、林下经济等，在保护生态的前提下，实现了创收，提高了林场的经济效益，促进了职工增收。浙江省的改革经验值得其他的地区去学习和探讨。

　　（资料来源：《浙江省国有林场改革现状与建议》《浙江林场改革——生态与民生共赢》《浙江省国有林场改革实践与建议》等）

6. 福建省国有林场森林资源管理机制运行情况

福建省是全国南方重点集体林区，也是我国南方地区重要的生态屏障。山多林多是福建的一大特色和优势。福建省地处亚热带，自然气候条件得天独厚，全省林地面积 926.82 万公顷（1.39 亿亩）、占土地总面积 76.28%，素有"八山一水一分田"之称。福建省全省现有省级以上生态公益林 286.2 万公顷（4293 万亩），占全省林地面积的 30.9%；林业自然保护区 89 处、保护小区 3300 多处，保护面积 1260 万亩，占陆域面积 6.8%；森林公园 177 个；创建国家森林城市 4 个、省级森林城市（县城）34 个。全省森林面积 801.27 万公顷，森林覆盖率 65.95%，居全国首位；森林蓄积 60796.15 万立方米。

当前，福建省林业部门正以推进国家生态文明试验区（福建）建设为新的契机，继续按照"三保、两推进、两提升"（保发展、保覆盖率、保民生林业，推进依法治林、推进深化林改，提升林业生态文明水平、提升森林质量和综合保护能力）的总体工作思路，进一步改革创新、锐意进取，推进林业供给侧结构性改革，加快现代林业建设步伐，为建设生态文明试验区和新福建作出新的贡献。

（1）生态公益林及其补偿现状

①林权权属情况

据 2014 年福建省林业厅统计显示，福建省有生态公益林面积 285.23 万 hm^2，占全省林地面积的 30.6%。按森林权属分：其集体生态林 259.6 万 hm^2，占集体林业用地的 30.9%，国有生态公益林 25.63 万 hm^2，占国有林业用地面积 27.7%，福建省全省集体生态林占了总生态公益林面积的 91%。

②生态公益林的经营现状

由于生态公益林是以其发挥最大生态效益和社会效益为取向和经营目标的，而生态价值目前又无法在市场上交换流通，这就决定了它无法在市场环境下进行保值、增值的资产化经营管理，所以现有的经营状况主要是：1、不能采伐、不能转让，主要是采取粗放的封育管理；2、林农不愿意投资造林、补植、抚育，对火烧迹地、疏林地的造林、补植、抚育基本上是政府行为；3、林农不愿意将重点生态区位商品林调入生态公益国林、建设项目征占用生态公益林地的"占一补一"平衡调入。

③生态公益林生态补偿和补偿费的分配情况

福建省生态公益林的生态补偿经过多次调整，2010～2012年每年每亩12元，其中省统筹每亩0.25元，下拨县级财政每亩11.75元；2013年以来的生态补偿是每年每亩17元，其中省统筹每亩0.25元，下拨县级财政每亩16.75元。这其中的分配一般是林权所有者占65%，现为每亩10.89元，村级监管费15%，现为每亩2.51元，直接管护费20%，现为每亩3.35元。

（2）公益林管护模式

福建省生态公益林管护模式的类型主要有以下几种：

①落实到户，联产管护

这种管护方式是将集体生态公益林的管护权直接落实到户，然后林地所有者按照自然村、村民小组或者地块把管护进行组合或者细分形成联户，由联户落实管护责任，而村委会仍需聘用护林员巡山护林监管。如永泰县、长汀县等基于大部分生态公益林都属于集体所有的特点，按照自然村、小组或者划片等形式落实管护主体，大部分实行"联户管护，人人有份"模式，避免了集体林称为"干部林"的问题，提高了广大村民、护林员和村干部对生态公益林保护的积极性，大大减少了群众到林业部门上访的现象，该地区还于2013年在福州市率先实行护林员手机定位巡护管理制度，大大提高了生态公益林管护工作质量。

②责任承包，专业管护

这种管护方式是按照先村内后村外的原则，由村集体将承包面积和权利、责任、报酬等，张榜公布，公开发包，按照护林员选聘机制的要求承包给合格的专业管护主体，同时全体村民参与联防管护。具"深呼吸小城"榜首的将乐县因集体和公司所有的生态公益林较多采用按照自然村、小组或片区等形式将相对集中的生态公益林实行"责任承包、押金管护"的管护模式，对护林员进行月检查和年验收等督促方式，做到了"早预防、早控制、早发现"，加强了对征占生态公益林、间伐生态公益林等的监督。

③相对集中，委托管护

这种管护方式是按照先村内后村外的原则，将比较零散的、面积较小的或者是难于管护的生态公益林依法通过公开、规范的程序，将其委托给村民或附近的国有林场、林业采育场管护。如福鼎市基于该地区部分林权不清、农民不以林地收入为主等特征，采取"相对集中、委托管护"的管护模式，将公益林管护工作全部落实到小班地块，通过各方的共同努力，严厉打击了乱砍滥伐和无证砍伐等不法行为。

④分户管护，补偿到户

这种管护方式是指将某些类别的生态公益林管护权直接分配给被划为生态公益林前此片林地的自留山地户主或者承包者即林权所有者，村委会与管护责任人签订管护合同，以便于此片生态公益林的管护。由于属于个人的生态公益林相对很少，所以这一管护方式的应用并不是很多。

⑤统一管理，专职管护

这种管护方式打破了以上的按村设管护区、村村配备护林员的传统做法，不分林权状况，由县、市区域的森林资源有关部门统一组建管护队伍，实行统一的专业化管理，实现"村推、乡聘、局管"择优录取的管护机制。如永安市为推进该地区生态文明建设于2013年在西洋镇试点了"统一管理、专职管护"这一打破以往按照村设管护区、村配护林员的传统，由永安市森林资源巡防大队进行统一管护，切实提高了护林员履职能力，使得生态公益林管护取得了可喜的效果，也引来了其他各地的学习和效仿。

（3）"政府引导＋市场运作"的发展机制

福建省深化集体林权制度改革走在全国前列，实现了"三个全国率先"：一是在全国率先开展重点生态区位商品林赎买等改革试点，已完成赎买、租赁等10.3万亩；二是在全国率先开展设施花卉种植保险工作，参保面积3700多亩；三是在全国率先成立了省级林权收储中心，带动成立林权收储机构37个，缓解林权抵押贷款出险后处置难问题。同时，国有林场改革、武夷山国家公园体制试点等生态文明制度改革也在有序推进中。

福建省在发展林业方面最大的特点就在于其鲜明的"政府引导＋市场运作"的发展机制。政府通过大力推进林业体制机制改革，调动各方积极性，增加基础投入、降低税费、发放林权等举措，优化了林业发展的大环境，提高了管理效率；在市场建设方面，福建省不断推进林业金融创新，采取"政府引导、银行贷款、企业参与、社会运作、部门服务"的模式，引导各地成立担保公司，林权所有者利用林权证，由担保公司担保，向银行申请贷款，有效地为林业融入资金，同时积极推进以订单合作、项目融资、重组国有林场及林企的手段，极大地推进了产业林的市场化经营之路。

福建省林业产业发达。福建省全省现有人工林面积5665万亩，竹林面积1601万亩（其中毛竹1504万亩），居全国首位，木（竹）材、笋、油茶、花卉、人造板、木质活性炭、木制家具等主要林产品产量均居全国前列。现有省级以上林业产业化龙头企业154家、境内外上市林业企业29家。2016年全省林业产业总产值达4611亿元，同比增长

7.8%。重点林区涉林收入已成为当地农民脱贫致富的重要途径之一。

2015 年年底，福建对位于重点生态区位（交通主干线、城市周边一重山以及水源地等）的 977 万亩商品林，开始实施限伐政策。然而，在集体林权改革后，商品林已成为当地林农的主要收入来源。为了兼顾林农利益和生态效益，商品林赎买改革应运而生。

以永安市为例，2014 年开始，永安市设立了每年筹集资金超过 3000 万元的目标，其中有 1500 万元来自财政出资，其余则靠发动社会捐赠，并成立了非营利性的"生态文明建设志愿者协会"，负责重点生态区位商品林的赎买。经过第三方公司评估后，林农与生态文明建设志愿者协会签下商品林的赎买协议。

对于已积累出来的抚育优势的地区，可争取银行贷款，提供资金支持。福建省赎买制改革的设计思路是"靠山吃山，但要吃更有价值的山"。赎买后，可以通过两次间伐，砍掉长势不好的杉木，再补植名贵阔叶树。这样不仅能优化林分结构，逐步实现生态效益最大化，而且还能通过出售名贵阔叶树树苗，实现更高的经济效益。利用靠出售绿化苗木的经营模式，福建省赢得了银行对其长久效益的确认。

对处于水源地的林子以及天然商品林，福建省采取直接赎买和定向收储，除每亩给予 1000 元收储金外，还将其列入重点生态公益林储备库，林权所有者凭此可享受省级生态公益林补偿金，占总面积 20% 的林子是用这种方式；其余 80% 多是人工商品林，则采取"我补贴，你来改"的办法，林权所有者要按照林业部门的要求进行择伐，采伐收入归林权所有者；同时，采伐完成后，按照 50% 的比例补种由林业部门免费提供的阔叶树苗和针叶树苗。验收成活达标后，林权所有者还可再享受每亩 1000 元的奖励。

（4）公益林生态效益补偿机制存在的不足

①补偿资金发放对象

从现有的补偿资金发放对象看，国有林场占 36%，集体林场占 64%，国有部分明显偏少。这与世界发达国家生态公益林建设主要以国有林为主相比差距甚远。

②补偿标准

从现有的补偿标准看，目前福建省的补偿标准为每年每亩 17 元，比原来提高了不少，但它与周边省份的补偿标准相比是较低的，与同地类商品林的经营收益值相比也是较低的，还不能体现出其发挥的生态功能的价值。

③补偿资金的分配

从现有补偿资金的分配看，福建省目前出台的生态公益林补偿资金的分配比例为林农占 65%，村级监管费占 15%，直接管护费占 20%。生态公益林经营者只能拿到每亩 11 元左右。

④林分质量补偿

从不同林分质量补偿看，福建省现有的补偿机制没有根据不同林分现状、质量、发挥生态功能大小来进行分级补偿，而是采取一刀切，阔叶林和马尾松疏林地采取一样的补偿标准，这就带来了不合理、不公平。

⑤生态公益林生态布局

从目前的生态公益林生态布局看，福建省现有的生态布局是 2001 年根据当时的社会经济、交通状况、生态需求来区划界定的，十多年过去了，现在社会经济得到巨大发展，铁路、高速公路、省道的改线等交通网线相继建成，一大批原有的商品林成了重点生态区域林分。据不完全统计，福建省每个县都有多则几十万亩少则几万亩的商品林现在处于重点生态区位，亟须调整为生态公益林。

综上所述，一方面现有的生态补偿标准偏低，分配也不尽合理，林农不愿把商品林调入为生态公益林；另一方面为加快福建省的生态建设，打造生态强省，急需对现有生态公益林布局进行优化调整。

（5）重点生态区位商品林实行政府赎买模式探讨

随着我国经济的不断发展，人民对生态的需求也越来越高，政府在生态建设方面投入也越来越大，因此开展重点生态区位商品林政府赎买的试点工作，为今后更大范围的赎买积累了一定的工作方法和工作经验。

①开展小范围的试点工作

一是区位的选择。优先选择重点生态区、生态环境脆弱区商品林，如城镇周边一重山、重点水土流失区、主要交通干线一重山、重点水源涵养林等。

二是林种的选择。以天然阔叶林、灌木林和人工林为好，由于福建省禁伐天然阔叶林，林农无法得到阔叶林采伐收入；灌木林经济效益不高，这两者林农更愿意拿出来赎买给政府。而人工林由于无法在到达采伐期限时得到应有的收益，林农也更乐意拿出来赎买，早日收回投资成本。

三是林木起源的选择。试点工作初期最好选择人工林，因为处在重点生态区位的人工林由于不能采伐，林农的造林成本、增值收益难以兑现，林农对政府的赎买会更加积极和主动。

②制定开展赎买试点的程序、步骤

一是成立"重点生态区位商品林政府赎买试点"领导小组。领导小组应由一名县领导或分管领导挂帅，成员由财政、国土、环保、林业、农业等主要政府职能部门人员组成。

二是筹措赎买试点资金，设立赎买基金。赎买基金可从以下几个方面考虑：一是从育林基金中每年提取部分资金划入赎买基金中；二是从上级返回的森林植被恢复费中拿出一部分作为赎买基金；三是争取县财政每年能拨入一些资金；四是接受社会的捐资。

三是开展试点宣传工作，并同群众协商确定山场赎买期限。要大力做好赎买试点区的群众思想工作，让群众了解、支持、配合这项工作；赎买期限我们可以以一个轮伐期为限进行试点，根据不同树种、不同龄组划分来确定其轮伐期。

四是确定具有森林资源资产评估资质的单位和个人。依据（财企〔2006〕529号）文件规定，非国有森林资源资产部分的评估资质单位，要求是具有财政部核发的《资产评估资格证书》的评估机构，需出具正式资产评估报告，并且评估报告要有两名资产评估师签字；森林资源资产评估人员资质，一是注册资产评估师，二是森林资源资产评估专家。

五是进行赎买山场的外业调查，取得各种实际数据。由具有森林资源资产评估资质人员和当地相关人员配合，开展调查工作。一是开展基本情况调查，包括：赎买山场所在村的人口、劳动力、外出打工人员、农民人均纯收入、耕地面积、林地面积、村财收入、生态公益林面积、主要树种、林分质量以及当地的交通状况等；二是赎买山场资源数据的调查，包括：生态林、商品林林地面积、有林地面积、权属、人工林面积、造林年度、天然林面积、树种年龄、树种组成、优势树种、林分郁闭度、平均胸径、平均树高、林木蓄积量和山场的植被情况、立地情况等。

六是确定比较符合实际的森林资源资产评估标准。我国目前森林资源资产评估有五种评估标准，即：历史成本标准、重置成本标准、现行市价标准、收益现值标准和清算价格标准。上述五种评估计价标准，由于存在有较大的本质差别，若对同一块山场采用不同的评估计价标准其结果往往会完全不同，所以，对不同的山场，不同的林分具体采用哪种评估计价方法比较适合，应由专家小组共同商议决策来决定。同时为了使森林资源资产的评估计价更为科学、合理，在赎买初始阶段也可以对同一块山场森林资源同时采用几种不同的评估标准，从不同的角度对森林资源资产价值进行评估，然后进行对比和互相验证，从中找到最为适合的评估标准。

七是签订赎买合同。对进行实际评估后的赎买山场今后的经营管理、道路建设等方面进行最后协商，在双方充分协商后确定出一个较为合理、双方均能接受的最后的赎买价格，然后签订赎买合同。

八是兑付赎买资金。按照双方签订的赎买合同兑付赎买资金，一般情况下先兑付合同资金总额的70%，其余30%待林权流转后再一次性付清。

九是林权流转。按赎买合同期限规定及时进行林权流转，把赎买期限内的林权所有者流转为"国有"。

（6）赎买后生态公益林的管理问题

集体林或个体林在约定期限内实行政府赎买后其权属由集体所有或个私所有变为国有生态公益林。其经营管理可采取以下几种办法：

①划归国有林场统一管理

我们开展重点生态区位商品林实行政府赎买的目的就是为了更好地经营管理，提高林业经营管理水平，发挥更大的生态功能，而国有林业经营单位在这方面又具有较强优势，能充分利用营林技术上的特长把生态林经营管理朝着更加科学化的方向发展。

②林业主管部门直接管理

林业主管部门具有较强的林业技术人才，对赎买后的生态公益林可由资源、营林、林政、生态公益林管理站等业务人员根据山场实际情况采取造林补植、森林抚育、树种改良、林分修复等林业技术措施，然后聘请营林工程队按作业设计方案实施；聘请有能力、有胆识的护林人员来管护赎买山场。

③承包管理

对具有较高经济价值的生态公益林可对外实行承包管理，让一些有经济实力又懂林业经营管理的公司、个私企业来承包经营与管理，这样既能管护好生态公益林，又能增加林地资产的收益值。

（7）具体措施

①永安市开始探索商品林赎买机制并进行试点工作

永泰县组成木材市场调查询价和劳务成本调查评估工作组、山场林木资源调查组、日常办事工作组，实行分工负责、协作推进的工作新机制，出台兼顾林农利益与生态保护的重点生态区位商品林赎买方案和赎买后林地租赁办法。截至 2015 年 12 月，永泰县已完成赎买面积 1.07 万亩。柘荣县采取股份合作、公开招投标、集合竞价等方式进行赎买，林农在获得林权流转补偿费的同时，还可在赎买后的商品林下套种太子参、玉竹、金钱莲等中药材，通过发展林下经济增加收入。截至 2015 年 12 月，柘荣县已完成商品林赎买 6300 亩。武平县实行"三优先原则"，即人工林优先赎买，杉木、马尾松等优势树种优先赎买，报价较低的优先赎买。东山县则体现集中连片管理原则，每年县级财政安排赎买资金 3000 万元。

②泉州市永春县多举措推进重点生态区位商品林赎买改革

一是加强宣传引导。永春县开展形式多样的政策宣传，提高群众的知情度，并在各乡镇政府的配合下，组织相关人员会同乡镇林业站进村入户，引导林农主动参与赎买工作。二是积极争取资金。县级财政先期投入 1000 万元，争取省林业厅专项资金 305 万元。截至目前，永春县已共计支出 1241.8 万元，其中县级财政支出 950.55 万元，省级财政支出 291.25 万元。三是规范分类赎买。永春县已完成重点区位商品林赎买规划 13000 亩，并根据征收、补偿、租赁经营等不同方式进行赎买，完成赎买 3100 亩（其中征收 565 亩、租赁 703 亩、补偿 1832 亩），在重点区位商品林界定生态公益林储备库 2450 亩。四是统筹经营管理。赎买的林木林地由永绿林业发展有限公司采用购买服务的方式经营管护，并聘请护林人员进行护林，做好防火、防病虫害、防盗工作；在赎买林木原则上不进行主伐或更新采伐，特殊情况确需采伐的，收益分配按永绿公司和林权所有者三七分成。

③宁德市柘荣县率先在开展重点生态区位商品林赎买工作

柘荣县政府办印发的《柘荣县重点生态区位商品林赎买方案和赎买后林地租赁办法》，明确提出重点区位商品林统一由县政府为主体，采取股份合作、公开招投标、集合竞价等方式进行赎买。全县重点区位商品林包括东狮山自然保护区、饮用水源保护区、城关周边、104 国道、霞泰公路两侧一重山、蛟溪干流及龙溪两岸一重山、高速公路两岸一重山。启动资金主要来自县财政赎买专项资金及上级返还植被恢复费。后续赎买所需资金和管护费用从森林资源补偿费和省、市支持赎买资金中列支。赎买后林木划为生态公益林，其森林生态效益补偿费主要作为赎买滚动资金、林地租金和护林员管护、森林防火等费用。商品林赎买后林农在获得林权流转补偿费的同时，还可在赎买后的商品林下套种太子参、玉竹、金钱莲等中药材，发展林下经济，增加林农收入。目前，全县已完成商品林赎买 5278 亩，计划在 11 月底前完成 1 万亩的赎买任务。

④平潭县稳步推进沙岸基干林带林木赎买工作

20 世纪 80 年代林业"三定"后，平潭县广大林农响应国家"谁造谁有、合造共有"的号召，以承包经营的方式，积极参与林业生产建设，为全县提前两年完成基本消灭宜林荒山造林任务作出重要贡献。但随着国家林业政策的调整，海岸前沿基干林带被列入特殊保护，导致广大林农合法权益无法得到保障。2004 年，福建省林业厅在平潭开展沿海防护林体制机制改革时，提出"收、放、扩"工作思路，其中"收"是将海岸基干林带中属于个体承包造林的林木通过赎买的方式收归国有。平潭县政府坚持实事求是、因地制宜、生态优先的原则，成立以分管副县长为组长的领导小组，做好前期调查摸底，科学制定赎买方案，安排专项经费，于年初在全省率先启动海岸基干林带个体林赎买工作。在海岸基干林带赎买时，平潭县林业局与林权单位、个体承包户签订赎买协议，个体承包户收益一次性买断，林权单位收益在赎买地块林木更新时予以 10% 以下补偿。截至目前，全县共计投入资金 45.9 万元，将敖东镇个体承包户营造的 1359 亩沙岸基干林带收归国有。赎买后，林带由所在乡镇林业站聘请护林员统一管护，经费列入生态公益林补偿资金中开支。这项举措既有利于沿海防护林体系的建设和保护，又维护了林农的合法收益，实现了双赢，深受广大林农的欢迎和好评。

（8）小　结

福建省地处亚热带，气候条件优越，生态环境优良，森林资源丰富，在全国率先开展了以"明晰产权、放活经营权、落实处置权、确保收益权"为主要内容的集体林权改革，林业发展一直处于全国前列。在公益林管护方面，对于不同类型的国有林探索出不同管护模式；在市场化经营方面，率先开展重点生态区位商品林赎买等改革试点。这些对于全国其他省份的林业发展都有宝贵的指导和借鉴意义。

（资料来源：《福建省生态公益林管护模式的对比分析》《浅析福建省国有林场人力资源管理现状及对策》《重点生态区位商品林政府赎买试点探讨》、《人民日报》、福建省林业厅网站等）

7. 江西省国有林场森林资源管理机制运行情况

改革前，江西省国有林场经营总面积 2618 万亩，占全省林地面积的 15.5%；蓄积量为 9264 万 m³，占全省的 1/4；生态公益林 1159 万亩，占国有林场森林面积的 46%，占全省公益林总面积 23%；国有林场森林资源质量较之集体林相对较好。

国有林场总体在经济上呈现出"五多"的特点：

一是数量多，全省有国有林场 425 个，占全国总数的 1/10，但经营面积都不大，呈零散分布，林场经营规模较小。

二是职工多。职工总数 10.28 万人，占全国总数的 1/6，与此同时，职工待遇偏低。

三是管理体制中交叉多。各国有林场划分时，在性质、隶属关系、级别等方面存在大量交叉关系。

四是债务多。全省国有林场负债高达 47.95 亿元，80% 的国有林场处于亏损（边缘）状态。

五是历史遗留问题多。改革前有大量的未参加养老保险的职工，并留有大量场办学校、医务所、代管村组等，基础设施（水、电、路）大都还停留在 20 世纪 80 年代水平上。

（1）新一轮国有林场改革方案

①改革思路

2010 年 6 月，新一轮的国有林场改革正式启动，结合国有林场的特点，其改革主体思路为：在把握"保生态、保民生"两条底线的基础上，以遵循企业改革路径为主。在遵循原有改革思路的基础上，江西省会同中央 2015 年 6 号文件精神，对改革思路进行了细化：一是遵循国家林业局分类改革思路，将商品林和公益林彻底分开经营；二是按照财政部"林场资源宝贵、应保护"的原则，坚持公益型为主的改革方向。最终，新一轮改革形成了理顺管理体制、搞活经营机制、减轻林场负担、完善社会保障的基本路径，以推进"三增长，两建立，一确保"的改革总体目标（三增长为：资源增长、职工增收、林场增效；两建立为：全面建立职工社会保障体系，尽快建立符合现代林业发展要求的国有林场管理体制和经营机制；一确保为：确保林区社会稳定和谐）。

②改革具体方案

将林场类型的划分标准进行调整，侧重于"以公益林为主，大多数林场进事业编制"的路径。

重组：要求改革后，各县国有林场数量不超过3个。按区域将全省原有的209个事业制国有营林林场和216个企业制国有森工林场进行有效合并为216个国有林场。

定性：重新明确林场功能定位。按照公益林占比60%以上的标准，将合并后的国有林场划分为182个公益型林场、34个商品型林场。

保障：完善林场职工的社会保障问题。全面实现职工参与社会保险，并对历史遗留的各类社会保险拖欠款进行妥善处理。

减人：进一步实现人员分流，改革用人制度。主要采用提前退休、待岗、内部退养及买断工龄等方式对不在岗职工进行人员分流。其中，买断工龄的方式又分为现金支付、代缴养老保险、分股份林和混合进行四种。

转换：转变林场经营机制。其主要方式有四种：一是将固定工制度改为合同制，签订劳动合同，按合同管理；二是将绝大部分自收自支的单位转变为全额拨款或差额拨款的单位；三是经营机制和原则，从以木材采伐为主转向以资源保护为主，大幅度降低采伐指标；四是加快战略投资者和社会资本的引入，尝试多种经营方式作为林场提升经济效益的重要途径。

（2）改革后存在的主要问题

①职工民生保障方面

职工后续民生保障问题值得我们关注与探讨，特别是部分公益型林场，无事业编制的职工（外聘人员）如何缴纳社会保险成为难题。例如，遂川县的龙泉林场和云岭林场分别需要花15年和7~8年时间，才能将现有在职职工数量通过"自然减员"至编制数量。此外，改革后，一部分以往采用企业制经营的国有林场也被定性为公益型林场，其员工或管理人员在缴纳社会保险和发放工资时，存在与原事业制国有林场的标准转变与差额的问题。

国有林场职工老龄化现象较为严重。在走访的 7 个国有林场中，几乎所有林场自 2000 年以后就基本没有再招募过新职工，场部职工平均年龄达 40 岁以上，职工年龄断层现象严重。

②经营方式方面

改革后，江西省 85% 左右的国有林场被定位为公益型林场，如何提升林场的森林经营质量，有效增强其综合效益成为一项重要课题。对此，江西省国有林场主要采用以下方式：

a. 部分林场选择发展大径材或种植楠木等珍稀树种的方式。

b. 遵循国家林业局改革意见中提出的重点改革方向，发展林下经济、林业旅游等多种经营方式并存的模式。公益型林场由于基础设施的陈旧、破损、缺乏整体性的规划，以及与主要旅游区重合等原因，当下江西省的森林旅游、林下经济发展只能满足部分林场职工的自给自足。

c. 部分商品林林场开始选择引进战略投资者或社会资本的方式提高林场经济效益，但也存在监管不到位的弊端。

③林场性质方面

改革后，全省的公益型林场被统一定性为事业单位，采用"收支两条线"的财政管理方式，职工工资由财政统一发放。实际上，公益性取向的事业制与市场经营取向的企业制目标各异，"改革使大多林场进入事业制"的良好意愿及结果，使林场自身及下辖职工的工作积极性可能减弱，也可能降低林场创收、营林造林的驱动力，加之林场绩效考核的短期标准、采伐指标短缺以及较高的组织成本，以致难以实现既要保护好资源更要利用好资源的改革目标。

此外，因改革后实行事业编制任职，部分林场的待岗职工出现了"非正常"的回流现象。加之部分林场的编制数较多，在编职工只需依靠"自然减员"（退休等）就能升职，故在未来，国有林场极有可能出现投机性任职的现象。

④购买服务方面

以政府购买服务方式来支撑林场的造林、中幼林抚育等项目并无明确政策文件规定，具体执行难度较大；护林人员纳入政府购买标准，目前，市财政按照人均 2 万元测算。从购买内容看，每年仅安排森林资源培育管护经费，用于管护人员的工资及社会保险，造林、抚育等支出尚未纳入购买公共服务预算。

（3）改革后的两种典型经营模式

①泛公益林经营模式

新一轮国有林场改革后，江西省大部分国有林场采取维持原有林场经营方式的泛公益型林场经营模式，即无论改革前是商品型林场还是公益型林场，改革后，凡是森林资源中的生态林比重达到政策规定的下限，都要统一转变为公益型林场并采用事业制管理。采用泛公益型林场经营模式的林场，经费来源同以往一样，主要利用商品林的采伐售卖和获取公益林补贴来维系林场正常运营。

因此，泛公益林经营模式下的各国有林场依然要同时肩负起"既抓生态，又抓经济"的双重使命，需要在林场的日常管理中依据事业和企业两套评价体系对自身经营进行平衡。

②林投公司经营模式

该模式实际上经营商品林，以林产品产出为主。地处赣南地区的各县市因临近广东、福建等沿海经济较发达省份，所以在新一轮的国有林场改革中，这类地区更倾向于规模化生产的林投公司经营模式。

林投公司经营模式的特点在于完全打破以往的国有林场边界，站在县级高度，对全县的国有林地按照森林分类经营格局重组，并构建新的管理体制和经营机制。依此，公益型林地和商品型林地被分别合并打造成全新的纯生态型林场及纯商品林经营的县级林业投资公司。

如崇义县，除自然保护区（思顺林场）外，2007 年开始国有林场改革，将 10 个林场法人取消，组建林业投资有限责任公司，短期目标为推进整体资产上市。2011 年，该县将商品林地中的精品林地（4 个林场中的 10 万亩）再次抽离，折价入股，吸纳国盛、自然人等股东，国有控股 70% 以上，社会资本占 20% 多，打包组建崇义县林业股份有限公司，以进一步吸引社会资本进入，为上市作准备。公司主要业务为森林经营和木竹深加工。

会昌县绿源林业投资有限责任公司，是县林业局下设的正科级单位，2015 年 1 月建组，管理全县国有林场的商品林地 15.15 万亩，注册资金 1.02 亿。林投公司以 8 万亩林地和林木入股，与北京某私募基金公司合作，计划建立基地，融资 10 亿，并打包上市。

（4）小　结

江西省是全国国有林场改革整体推进试点省，经过几年努力，全省国有林场改革试点任务基本完成，在管理体制、民生保障、资源保护、基础设施建设等方面取得了明显成效，国有林场在改革转型后，转换了职工身份，职工社会保障到位，定性定编定经费，为林场基本运行奠定了前提基础，但在后续发展中仍存在一些亟待解决的问题和困难。江西省的改革经验为其他省市地区的改革起到了很好的借鉴和启示作用。

（资料来源：《2015 林业重大问题调查研究报告》——江西省国有林场改革调研报告）

8. 湖北省国有林场森林资源管理机制运行情况

湖北省位于中国中部、长江中游，境内水网纵横，湖泊密布，又称"千湖之省"。其地域辽阔，气候类型多样，森林资源较为丰富。湖北省国有林场大都兴建于20世纪五六十年代，经过60年的发展，全省现有国有林场270个，其中省投资国有林场190个，地方国有林场80个；经营总面积近75.7万 hm²，其中有林地56.6万 hm²，活立木蓄积3557万 m³。

调研小组在5月底调研了湖北秭归、宜昌两个地区，获取了丰富的一手资料。秭归县九岭头林场位于长江三峡西陵峡北岸香溪河边，西接香溪河，东达仙女坪，距三峡大坝仅38公里，林场属大巴山山系荆山余脉，位于山脉西坡，南北走向。地形为东高西低，呈两级台阶，属中山地貌类型。平均海拔高度在1400～1600米，最高海拔2030.6米，最低海拔175米，相对高差达1855米。宜昌市国有大老岭林场经营总面积9.0814万亩，其中林业用地9.0393万亩，森林覆盖率97.69%，森林总蓄积48万立方米，共有生态公益林9.0393万亩。现有职工165人，其中在职在编41人、长期合同工26人、离退休职工98人。所辖有千斤园农业村、市木材厂、虾子沟码头、环保公司。现有固定资产4677.06万元，流动资产2171.84万元。大老岭林场各项工作亮点纷呈，特色鲜明，先后获得"全国十佳林场""国家生态文明教育基地""全国林业科普基地""全国野生动物保护科普教育基地"等荣誉称号。

（1）公益林管护体系建设

以湖北省秭归县为例，森林资源管护体系主要是县建立了管护总站、乡镇建立管护站、联村建立管护片，村建立管护责任区管护体系。实行的管护模式是专业队管护和分级管护两种模式。一是国有林管护主要是成立专业管护队伍，建立管护点，在管护点上修建管护棚，管护棚实行三通即通电、通水、通讯，管护棚安排驻棚人员长年进行管护。管护站与护林员签订管护合同，全面落实目标责任，管护站全过程监督管护点的森林管护工作。二是集体、个体林管护主是建立县、乡、村三级管护体系，县成立管护总站，主要负责全县森林资源管护的指导、监督、检查和年度考核等具体工作，并在交通要道设点设卡，堵住木材通道，堵住火源进山的渠道，堵住疫病的传染途径；乡镇成立管护站，实行站长负责制，给乡镇站配备专职护林员，划片管理，站与管护员签订管护合同，落实管护责任，村委会确定一名有责任心的农民为天保信息员，村与信息员签订责任书，明确职责，实行案件举报制度，实行联动管护的分级管护模式。

①建立完备管护网络

湖北省建立了县、乡、村三级天保管护网络。县成立了管护总站，管护总站下设 13 个乡镇（场）管护站，划分了 202 个管护责任区，形成了塔形管护网络。一是全县整合林政、公安、野保、森防等林业执法部门，成立天保管护总站，总站分别由森林公安、林政、野保、稽查等人员组成，设有森林防火、林政执法、病虫防治、森林巡逻等内置机构。管护总站成立干线巡逻组，包乡镇包公路干线，责任到人。二是乡镇建立森林资源管护站，与乡镇林业站合署办公，实行一套班子两块牌子，林业站在岗职工为管护站专职管护员，并聘请部分农民专职，对辖区内的村按经济流向、天然林资源分布情况、交通便利程度、管护难易程度划分森林资源管护片，每个管护片安排一名专职管护员，把管护责任落实到专职管护人员。三是以村为单位划定管护责任区，选聘兼职管护员负责管护。国有林场的国有林以自然界线划定管护责任区，选聘专职管护员负责管护。四是组建巡逻小分队。全县安排了 26 人组建了 4 个巡逻小分队，对全县所有的道路实行定期和不定期的巡逻，在交通道口设置哨卡，进行火源和木材进出的检查，宣传天保工程政策。同时，湖北省还构建了县、乡、村、点四级管护网络，形成了"源头有人看、片区有人管、路上有人查"的"三有"管护模式。

②全方位落实管护责任

湖北省采取了两种管理方式，一是实行合同管理。专兼职管护人员一律签订管护合同，明确管护面积、管护四界、管护任务、管护要求和管护报酬。管护总站管护人员与管护总站签订管护合同，乡镇管护站的管护人员与乡镇签订管护合同。国有林场成立专业管护队，由国有林权益单位聘请专职管护人员，划定管护责任区，在管护责任区修建管护棚，由专职管护人员住棚管护，国有林管理单位与护林人员签订管护合同，实行合同管理，实行分级管理。二是实行责任管理。县管护总站与各管护站签订管护责任状，乡镇管护站与村委会（管护责任区）签订兼职管护合同，明确管护目标、分解管护任务、落实管护职责、村里明确专人负责生态公益林管护工作；专职管护人员负责管片，每个管片分为 2~5 个责任区，主要任务是防火值班，对村兼职管护人员进行检查指导，及时处理破坏森林资源的行为，考核兼职管护人员管护情况。兼职管护人员负责一个管护责任区的护林工作，负责巡山护林、政策宣传、森林病虫害监测和森林防火隐患检查。责任到人，责任追究到人。

③建立严格的考核机制

管护待遇与管护效果挂钩，秭归县天保中心制定了管护员管理办法和考核办法，对管护员的工作实行量化考核，按考核兑现报酬。在管护人员的管理上，凡有违规违纪的行为，一律不续聘，通过严格的管理，极大地调动了护林员的工作积极性和责任感。

④存在的问题

当前，管护体系建设过程中仍存在几个问题。第一，森林管护设施设备不足，管理手段落后。目前森林管护还是以人工巡护为主，管护站点少，交通、通讯条件差，监控设施严重缺乏，虽然护林人员付出了大量体力与精力，但管护效果还是不理想。不仅设备不足，而且严重老化，需要改造和维修，主要体现在林区道路、水电、通讯、站场房、瞭望台等基础设施需要整修，有的防火设施、办公设施需要购置，有的办公条件需要改善。第二，森林管护人员待遇偏低。国家、省、县补偿标准不一，按 2013 年补偿标准，国家级 14.75 元/亩，实际补偿权益人的只有 12.75 元/亩，省级公益林 9.75 元/亩，实际补偿到权益人的只有

7.75 元/亩，县级没有补偿资金，补偿标准过低。随着二期天保工程的实施，从事森林管护人员的待遇有所提升，但与同行业和其他部门相比，林业职工的管护工资、社会保障等待遇都偏低，不能与目前渐长的物价要求相适应。

（2）创新国有林场经营机制

①事企分开情况

以宜昌市国有大老岭林场改革为例，有下属企业的国有林场实行事企分开，组建经营实体，实行市场化运作，国有林场不再参与具体经营，并逐步与国有林场脱钩。对暂时不能分开的经营活动，实行"收支两条线"管理，做到"事企分开、主副分离"。根据林场可经营性资产现状和事企分开的原则，林场经营性业务分三种情况。一是委托大老岭环保公司租赁经营。林场于 2008 年组建大老岭环保有限责任公司，负责林场核电站、垃圾填埋场、招待所、食堂、商业门店等国有经营性资产的运营管理。大老岭环保有限责任公司实行事企分开的管理体制，林场依据市财政局对可经营性资产的评估结果，经财政局审核批准后，委托大老岭环保有限责任公司经营，并对其经营全过程负责监督，不参与具体经营。大老龄环保有限责任公司按照市场化要求规范经营，严格实行"收支两条线"管理，2017 年确定上交非税收入 20 万元，确保了国有资产的保值增值。二是林场管理处所属的宜昌市木材厂继续实行事企分开的管理体制，林场负责监管，不参与具体运营。当前，按市政府统一安排部署，市木材厂处于整体拆迁阶段。三是林场生态旅游交由鄂旅投公司经营管理。将林场旅游资产评估作价 2200 多万元，作为市政府股份参与分红，鄂旅投成立大老岭旅游公司独立经营。

②林场职工林下经营情况

以秭归县九岭头国有林场为例，高海拔山区农民普遍收入低下，兼职护林员工资待遇很低，往往通过在山上养蜂、山羊、种植野菜等补贴收入。目前存在的问题是，林下经济缺乏统一的政策指导和法律规范，没有形成较好的规划和规模。林下经济未来可以发展的方向还有很多，可以在政府的监督下，整合资源，合理规划，比如划拨部分区域在林下种植五倍子、前胡、党参、当归、丹参等中药材，在不破坏森林资源的前提下鼓励护林员在部分区域发展林下养殖，过程中进行政策引导和扶持，区域性地开发国有林场森林资源，尝试建立发展产业基金，为林场职工提供无息贷款，争取形成规模经济，创造品牌，从而为林农创收增收，实现精准扶贫。

（3）定性定编定经费

①推进国有林场整合重组

湖北省宜昌市在稳定国有林场现行隶属关系的前提下，综合考虑区位、规模和生态建设需要等因素，合理推进整合重组，优化管理层级，提高运行效率。过去在集体林地上建立起的林场，按功能定位、面积大小和历史沿革，由属地政府确定是否继续纳入国有林场序列管理。

②明确国有林场属性责任

宜昌全市国有林场以保护培育森林资源、提供生态公益服务、维护国家生态安全为主的功能定位，整合后的22个国有林场全部明确为公益类国有林场，管理机构全部设置为公益一类事业单位。公益类国有林场主要职责明确为：保护培育和合理利用森林资源，保持生物多样性，维护生态安全；承担建设国家木材战略储备基地任务；负责辖区内部森林防火、林业有害生物防治、良种示范；种质资源保存与创新、林木良种生产、生态监测、科技示范工作；因地制宜发展苗木花卉、林下经济和森林旅游业等。

③核定国有林场事业编制

各地编办、财政、人社部门积极支持国有林场改革，经同级编办批准已核定岗位539名，其中事业编制488名，以钱养事份额51名。所谓"以钱养事",就是以加强农村公益服务为目的,大胆创新管理体制和运行机制,在单位转变性质、人员转变身份、实现全员养老保险的同时,加大财政投入力度,实行政府采购,花钱购买农村公益服务。全市国有林场职工 2017 年全部参加了基本养老保险、基本医疗保险和失业保险,做到应保尽保、平稳过渡、合理衔接,确保职工退休后生活有保障。参保类型由属地政府根据林场职工身份不同,按照相关规定确定,所需资金由属地政府统筹解决,中央和省财政给予适当资金补助。国有林场林农和代管行政村农民,按政策规定参加了当地城乡居民基本养老保险和基本医疗保险。符合条件的困难家庭按规定纳入了当地最低生活保障范围。

(4) 小 结

湖北省在国有林场改革方面取得了一系列成果,如科学核定事业编制,不断创新国有林场管护经营机制。通过多年的实践和探索,湖北省生态公益林管护制度不断完善,管护体系不断健全,管理力度不断加大,公益林建设和保护质量不断提高。以大老岭国有林场为例,其在实行"事企分开"、市场化运作方面对各地林场都有积极的借鉴意义。

(资料来源:以调研一手资料为主)

9. 广西壮族自治区国有林场森林资源管理机制运行情况

广西壮族自治区总面积约 2316 万平方公里,为亚热带气候区,气温年平均 16~23℃,年降水量大于 1070mm,年日照平均时数约 1200~2200 时,地貌类型有台地、丘陵、平原、山地等。广西是我国南方关键林区之一,其林业一直以营林为基础,积极展开人工林场造林、传播造林植树及封山育林等工作,取得了林业建设的进步。其森林覆盖率也在逐年攀升,以森林资源作为原料的企业多达 14,000 家,林业总产值不断增加，全省现有国有林场 180 家，场内经营面积 1788 万亩（公益林 588 万亩），场外经营面积 414 万亩，林场职工 5.59 万人，以林业为核心的产业链也已经形成多种形式。然而，尽管随着生态建设力度的加强，广西林地面积总体呈增长趋势，但在林地利用过程中仍存在林地质量不高、林地生产力较低、林地地力下降等现象。同时广西的石漠化土地面积广大，居全国各省份第三位，水土流失、石漠化等生态问题较为严重。林地资源合理开发与保护是该区域改善生态环境、保障国土生态安全以及建设"美丽广西"的关键。

2015 年 8 月，广西壮族自治区印发《自治区林业厅推进国有林场改革工作方案》，该方案成立自治区林业厅国有林场改革工作领导小组，明确采取分片负责方式，分别督导有关市、县（区）国有林场和区直国有林场改革工作。

2016 年 5 月 12 日，自治区党委、政府印发了《广西国有林场改革实施方案》，标志着广西新一轮国有林场改革全面实施。此次国有林场改革的重点内容包括科学定性定编定经费、政企分开、人员安置和社会保障、森林资源保护和监管四个方面。该方案要求明确培育保护森林资源、维护国家生态安全是国有林场主要功能，并科学合理核定事业编制，同级财政对于公益一类、二类国有林场分别予以全额保障和保障性补助，落实法人自主权，国有林场从事的经营活动，实行市场化运作，通过办理离岗退养、购买服务、提供特色产业等方式妥善安置富余人员，依法参加社会保险，实现社会保障全覆盖，建立健全森林资源管理制度体系和监测考核制度，明确各级政府监管责任和职能分工。该方案明确提出，到 2020 年，全区要实现公益林占场内林地面积比重达到 45% 以上，之后逐年增加；商业性年采伐量比 2015 年下降 15% 以上；森林蓄积量比 2015 年增加 1500 万立方米以上；森林公园数量达到 50 个以上；林区道路比 2015 年明显改善；林场管护站点争取实现"五通"；基本实现通过政府购买服务进行公益林管护。此次国有林场改革要求，2016 年启动全区国有林场改革试点，2016 年 12 月前试点单位基本完成国有林场改革试点任务并总结经验，2017 年全区国有林场改革全面铺开，2017 年 12 月底前基本完成主体改革任务。

在广西国有林场改革实施过程中，引入政府购买服务、建立市场机制是一项重要工作。建立政府购买服务机制、创建特色林业示范区、建立林权交易中心和调整森林植被恢复制度是广西全面实施国有林场改革、保护全区生态安全、提升人民生态福祉、促进绿色发展、科学建设生态文明、建设"美丽广西"的重要举措。

（1）引入公益林管护市场机制

为彻底解决广西国有林场体制不顺、机制不活、政策支持不到位等问题，根据中央和自治区国有林场改革精神，广西壮族自治区财政厅将支持林业生态建设和国有林场改革放在突出位置，加大了财政投入力度，支持国有林场以政事分开、政企分开和完善以政府购买服务为主的公益林管护机制等为主要内容的国有林场改革发展。

政府购买服务程序包括：①编制采购计划。购买主体在购买预算下达后，根据政府采购管理要求编制政府采购实施计划，报同级政府采购监管部门备案后开展采购活动，并按照政府采购的相关要求及时向社会公告购买内容、规模、对供给主体的资质要求和应提交的相关材料等信息；②签订合同。按规定程序确定供给主体后，购买主体与供给主体签订合同，并可根据服务项目的需求特点，采取购买、委托、租赁、特许经营、战略合作等形式。合同应当明确购买服务的内容、期限、数量、质量、价格等要求，以及资金结算方式、双方的权利义务事项和违约责任等内容；③履行合同。供给主体按合同履行提供服务义务，认真组织实施服务项目，按时完成服务项目任务，保证服务数量、质量和效果，并主动接受有关部门、服务对象及社会监督，严禁转包行为；④检查验收。供给主体完成合同约定的服务事项后，购买主体应当及时组织对其履约情况进行检查验收，并依据现行财政财务管理制度加强管理。

在公益林管护工作中，广西国有林场按照林场结合林场自身实际，将管护责任进行层层分解，落实到人。将森林资源划分成为不同的责任区，层层签订森林资源管护合同，将管护任务落实到人，落实到地块，落实到山头，并且制定公益林地管护奖惩制度，激发管护人员的工作积极性。公益林地管护主要采取巡山为主的方式，在冬春季防火重点时期，采取清山检查的方式，确保森林资源得到有效的保护。

（2）创建特色林业示范区

广西计划于2016—2020年，根据各地生态资源禀赋、环境承载能力、经济社会发展水平，在条件适宜、发展基础良好的区域高起点、高标准、高水平规划创建一批涵盖花卉苗木、珍贵树种与优势用材林、特色经济林、林下种养、林产品精深加工、森林生态文化旅游等林业主导产业的现代特色林业示范区，为全区各地发展现代林业提供可看、可学、可复制、可推广的示范样板。

以崇左市为例，截至2016年年底，崇左城区现代林业特色（核心）示范区累计种植树木面积5000多亩共23.1万株；扶绥县珍贵树种种植与生态旅游结合示范区面积2750亩共16.5万株；凭祥万亩沉香珍贵树种连片种植示范区种植沉香4100亩共33万株；天等、大新和龙州县石漠化地区种植珍贵树种任豆树示范区已新增补植任豆9万株、蚬木6万株。并且，广西崇左·龙赞东盟国际林业循环经济产业园已成功引进26家企业，有5家企业厂房正在建设当中；扶绥县山圩林产循环科技产业园已引进18家企业，有8家企业建成投产；宁明木材加工园已引进以广西祥盛木业有限公司为龙头的企业45家，园区形成现代化产业化经营模式，年总产值达15亿元。

现代特色林业示范区构建了政府引导、市场运作、企业主导、多元投入的建设运行新机制，增强现代特色林业示范区可持续发展能力。现代特色林业示范区因地制宜开展花卉苗木设施栽培、工厂化种养，加快实现林木种植、管护、采伐（采收）、运输作业标准化、机械化，林产品加工精细化、自动化，不断提高生产效率和产品质量。现代特色林业示范区开展常态化的技术指导、培训、推广服务，加快林业实用技术信息网络平台建设，探索林业技术远程在线服务模式，加强对科技骨干的培养。同时，按照问题、需求和市场导向，通过平台引人、产业聚人、政策留人，吸纳各方面林业科技人才，形成懂技术、善管理的建设队伍。注重引进、培育、壮大现代特色林业示范区龙头企业和组建林业专业合作组织，引导龙头企业与专业合作组织、林农建立契约性合作关系。此外，通过土地（林地）租赁、流转、股份合作、委托管理等多种方式，形成龙头企业、专业合作组织和林农之间利益共享、风险共担的经营机制，提高产业发展的组织化程度。

（3）建立林权交易中心

2016 年 7 月 20 日，广西林权交易中心股份有限公司在南宁市揭牌，标志着自治区级林权交易市场平台全面启动。广西林权交易中心是自治区政府批准同意的自治区级唯一林业要素流转综合服务平台，开展包括林权、大宗林产品、森林碳汇、林业企业产权交易及招商融资、林权抵押物处置、林业科技技术成果转让、林业金融服务、林权托管等服务。该交易中心按照统一平台建设、交易规则、信息网络系统、信息发布、监督管理、培训机制模式，指导市、县林权交易服务网点建设，搭建覆盖全区统一、规范的林权流转交易综合服务网络。

林权可以依法采取转包、出租、转让、互换、入股、抵押或者其他方式进行流转，也可以作为出资、合作的条件。为规范林权流转交易，从事林权流转交易活动的各方当事人，应遵守《广西林权交易中心林权流转交易规则（试行）》，该规则指出了交易的主体、方式及规则。具体交易流程如图 3 所示。

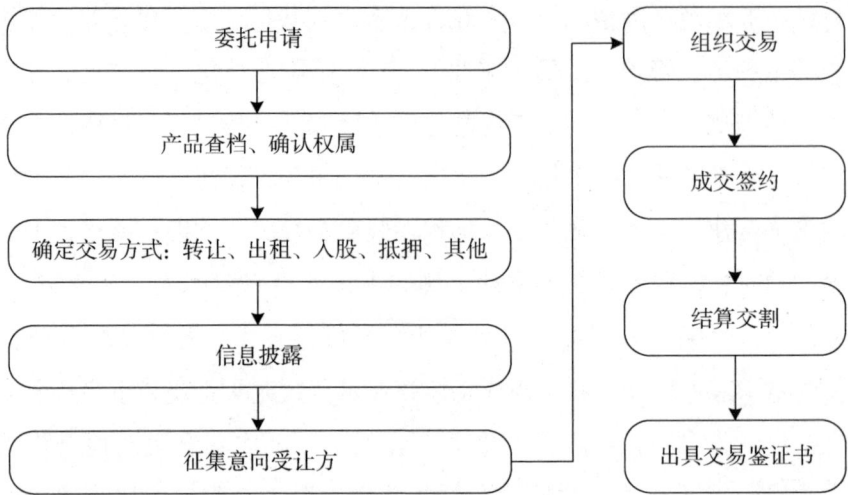

图3 林权交易流程图

广西林权交易中心的成立及运行，助力了全区林权制度改革。林权社会化服务体系的建立，构建了自治区、市、县为一体的三级联动林权交易综合服务平台。该平台以"林权社会化信息服务平台"为载体，向林权服务规范化、林权流转市场化、林业产业金融化、林业资产证券化及增值服务一站式发展，建立完善林权交易市场体系，打造出立足广西、辐射大西南及东盟地区的统一规范的自治区林业要素资源综合流转服务平台。

（4）调整森林植被恢复制度

为解决建设工程对占用征收林地需求的不断增加，人们无序占用、粗放利用林地，使得减少的森林植被无法得到有效恢复。根据财政部和国家林业局有关文件精神，广西财政厅会同林业厅联合印发《关于调整我区森林植被恢复费征收标准引导节约集约利用林地的通知》（桂财税〔2016〕42号），对全区森林植被恢复费征收标准进行了调整。

调整后的森林植被恢复费已重新分类，广西征收标准按照国家标准的下限执行，其中：郁闭度0.2以上的乔木林地（含采伐迹地、火烧迹地)、竹林地、苗圃地 10 元/m²；灌木林地、疏林地、未成林造林地，每平方米 6 元；宜林地 3 元/m²。同时，对农村居民按规定标准建设的住宅，农村集体经济组织修建的乡村道路、学校、幼儿园、敬老院、福利院、卫生院等社会公益项目以及保障性安居工程免征森林植被恢复费。新的森林植被恢复费标准自 2016 年 11 月 1 日起执行。

广西自治区林业部门对林政管理进行大改革大调整，确定林地征占用审核审批工作"24 字方针"：提前介入，监管前置，重心下移，加强协调，优化服务，提高效率。以前，建设项目需要征占用林地时，业主一方多因为政策不熟或心存侥幸，事先不走审批程序，或先动工后报批。对此，林业部门经过简单计算：走正常审批程序，森林植被恢复费每平方米 2～10 元不等；若非法占用林地，罚款标准是每平方米 10～30元；事先事后，费用增加几倍甚至十倍以上；再加上被迫停工等延误损失，未批先用、非法占用成本高昂。管理人员将这些情况提前跟每一位业主说清楚，就是"监管前置"而不是"事后监管"。如今，监管前置成了林政管理的规范程序，自治区和各地市的重大项目协调会，都有林业部门人员出席；每个项目业主手里，都有一本《办理征占用林地手续服务指南》。

由占用征收林地的建设单位依法缴纳森林植被恢复费，是促进节约集约利用林地、培育和恢复森林植被、实现森林植被占补平衡的一项重要制度保障。调整森林植被恢复费征收标准，加强森林植被占用管理监督力度是加快健全资源有偿使用和生态补偿制度，建立引导节约集约利用林地的约束机制的一项力举，对确保森林植被面积不减少、质量不降低，保障自治区生态安全意义深远。

(5) 小　结

广西全面实行国有林场改革，引入市场机制，培育保护森林资源，维护国家生态安全的同时实行市场化运作，通过办理离岗退养、购买服务、提供特色产业等方式妥善安置富余人员,建立健全森林资源管理制度体系和监测考核制度,明确各级政府监管责任和职能分工。广西通过建立政府购买服务机制、创建特色林业示范区、建立林权交易中心和调整森林植被恢复制度,科学发展绿色文明,对国有林场改革及建设"美丽广西"具有突出贡献。

(资料来源:《广西国有林场未来的发展趋势》、广西壮族自治区林业厅网站、广西林权交易中心网站等)

10. 重庆市国有林场森林资源管理机制运行情况

为推进重庆林业的快速发展,重庆市林业局坚决贯彻市委、市政府决策部署,加强组织协调,强化推进措施,全力推进国有林场改革工作。为此,重庆市印发了深入学习宣传贯彻"市委 15 号"文件的意见,组织工作组先后到 20 多个区县,实地指导编制改革实施方案;协调财政部门下达中央国有林场改革补助资金 1.04 亿元、市级补助资金 1.6 亿元;开展了国有林场债务审计认定;与编办、发展改革等部门协商改革配套政策落地相关工作,召开党组会议研究审批区县改革实施方案事宜。

各区县切实履行国有林场改革主体责任,细化工作措施,狠抓贯彻落实。全市有 12 个区县成立了区县党委或政府领导任组长的国有林场改革领导小组,其中垫江县、酉阳县、巫山县、忠县成立了县政府主要领导任组长的改革领导小组,各地党委、政府及时召开专题会议研究推进国有林场改革工作。区县林业部门主动作为,狠抓关键环节,起草改革实施方案,加强与相关部门的协调,竭尽全力推动国有林场改革。截至目前,重庆市林业局已完成了全市 37 个区县和万盛经开区国有林场改革实施方案的批复,有 32 个区县印发了改革实施方案。总的来看,重庆市国有林场改革按照中央和市里的工作部署,完成了阶段性工作,取得了初步成效。

(1) 重庆市国有林场改革进展

①强化国有林场公益属性

国有林场的公益属性是这次改革的核心问题。为确保公益属性落实到位，重庆市林业局专门组织工作组有针对性地到生态区位重要、财政困难的区县开展专题指导，与区县党政领导座谈沟通。经过市、区县两级林业部门的共同努力，黔江区等区县的 32 个国有林场从公益二类事业单位调整为公益一类，原为公益一类事业单位的继续保留。全市国有林场从 72 个整合为 69 个，其中，67 个纳入公益一类事业单位管理。通过强化国有林场公益属性，促进财政保障方式的转变，改革后纳入全额预算管理的国有林场从改革前的 39 个增至 65 个，每年新增区县财政投入 1.5 亿元。万州区设立国有林场发展基金，用于弥补经费不足。全市国有林场生态公益服务职能进一步强化，职工队伍更加稳定。

②有效推进国有林场事企分开

推进事企分开是本次改革的重要内容。江津区、垫江县等区县明确国有林场举办的经济实体与国有林场分离，进行独立经营。四面山森管局将经营活动交由四面山旅游发展有限责任公司独立开展。垫江县将国有林场林业生产经营活动交由绿森林业开发有限公司负责，将林场举办的公司收回重新处置，实行市场化运作。丰都县对依托世坪林场资源举办的世坪旅游开发公司进行破产清理。对于暂不能分开的经营活动，严格实行"收支两条线"管理，收入由同级财政安排用于国有林场森林资源保护和基础设施建设。彭水县对场属冬瓜溪三级水电站改制，实行企业化管理，2016 年上交财政收入 707 万元，财政安排林场建设发展资金 527 万元。奉节县提出同级财政按照"收支两条线"管理要求，将林场发展产业取得的收入全额安排给林场，其中 60% 作为林场发展资金，40% 用于绩效考核。

③规范国有林场管理机构编制

以改革为契机，各地进一步加强了国有林场机构建设。綦江区、丰都县、城口县等对同一区域内的国有林场进行合并，精简了机构。巫溪县将红池坝林场设置为正科级事业单位，猫儿背、官山、白果3个国有林场设置为副科级，丰都县将楠木林场、七跃山林场从股级提升为副科级单位。巫山县五里坡林场保留正科级事业单位，梨子坪、飞播管理林场确定为副科级事业单位。潼南区国有林场机构规格由副科级提升至正科级。巫溪县、丰都县、忠县等国有林场场长均按县管干部配备。按照"因养林而养人"的要求，各地结合实际科学核定事业编制，璧山区、北碚区等提出核减10%以上事业编制，巫溪县国有林场编制数量由120个增加至140个，潼南区由5个增加至11个，合川区从9个增加至12个。总的来看，全市国有林场事业编制已从2015年年底的3140个核减到2931个，并严格按照保民生的底线要求，不搞一刀切，不采取一次性分流，确保了在改革中林场无一名职工下岗。

④加强森林资源保护培育

坚持把维护和提高森林生态功能作为国有林场改革的出发点和落脚点，实行最严格的保护措施。各地加大了国有林场森林资源保护力度，从严控制建设项目占用国有林地，严禁擅自改变国有林地用途，2016年全市全年征占用国有林地530亩，同比下降80%。为此，重庆市积极提高管护监测手段，如江津区四面山森管局已初步建成防火、防虫、防盗、社会治安、巡护管理五位一体的森林资源智能监控系统。江北区、南岸区等试点已安装智能化控视网络系统；加大资源整合力度，如江津区将镇街代管的6万亩国有林移交林场管理，彭水县国有林场接管了县卫计委所属的3800亩国有林，大足区将乡镇管理的815亩国有林划归国有林场管理；大力开展森林资源培育，如渝北区提出改造国有林场景观林4.5万亩，2016年已改造2000亩，永川区建设楠木母树林500亩，培育楠木大径材1500亩，积极提升森林品质；依托林业重点工程积极培育森林资源，如 2016 年全市国有林场新造林 6 万亩，实施森林抚育 22 万亩，低效林改造 3 万亩，森林蓄积量增长 52 万立方米。

⑤探索经营管护机制

结合全市精准扶贫和全面脱贫目标，重庆市国有林场森林管护优先聘请周边建档贫困户，2016 年投入资金 1600 余万元、聘请森林管护人员 1000 人。各区县积极探索深化森林经营管护机制，江津区试点森林管护购买服务，2016 年区财政安排专项资金面向社会购买服务 78 人，所需费用纳入财政预算，购买服务人员年均收入 4 万余元。渝北区财政预算 104 万，购买管护人员 23 人。黔江区、江北区国有林场临聘人员通过政府购买服务解决，经费按 4 万～6 万元/人/年标准包干。本次改革中，铜梁区、璧山区、垫江县明确提出按照每人管护 800～1000 亩标准，核定管护人员，超面积部分购买社会服务，纳入区县财政预算。国有林场森林管护购买社会服务正在全市逐步铺开。在确保国有森林资源不减少、国有资产不流失的前提下，各地积极发展森林旅游等特色产业，江津区大圆洞林场招商引资取得突破性进展，与重庆市天盛缘实业有限公司签订合作框架协议，拟引进社会资本 50 亿元。涪陵区永胜林场与重庆建峰工业集团有限公司合作发展森林旅游，已引进社会资金 8000 万元。石柱县国有林场参与千野草场和寺尚店景区开发，拟引进社会资金 3.3 亿元，林场参与门票分红。彭水县对于摩围山、大坪盖等森林旅游项目实行租赁、入股分红等合作模式，促进森林旅游提档升级。

⑥保障林场职工利益

解决好职工最关心、最直接、最现实的利益问题是国有林场改革的出发点。全市国有林场纳入全额预算管理后，职工工资福利保障得到加强，尤其是差额预算国有林场，职工收入增加尤为明显，以云阳县为例，2016 年其职工年平均工资较改革前人均增长了 7380 元，涨幅达10.5%。各地按照国家相关规定，优化职工岗位设置，将岗位设置调整作为优化国有林场队伍结构的重要抓手和提高职工待遇的有效途径。目前已有 60% 的林场调整了岗位设置，专业技术岗位占比大幅提升，超过总岗位的 60%。同时，多数区县还参照基层农业事业单位将专业技术岗位高中低等级比例按照 2：5：3 进行调整，岗位结构得到优化。按照"国有林场一线工作视同乡镇工作经历"的要求，林场将管护站工作的职工纳入领取乡镇工作补贴范畴，石柱县、彭水县等仅此一项职工月均收入增加 300 元以上。江北区还将林场职工纳入林业有毒有害岗位津贴补助范围，使国有林场职工真正得到实惠。重庆市林业局继续实施国有林场职工子女助学活动，对国有林场职工子女考上大学的给予一次性补助，2016 年资助 124 人，资助金额 36 万元。

⑦加强基础设施建设

借助改革的契机各地坚持多措并举，加大投入，持续改善国有林场基础设施条件。重庆市林业局组织编制了《重庆市国有林场基础设施"十三五"建设规划》《重庆市国有林场"十三五"道路规划》《重庆市国有林场"十三五"扶贫实施方案》。重庆市财政 2016 年、2017 年安排市级国有林场改革补助经费 1.6 亿元，重点用于建设防火道路，这在当前经济下行压力较大的情况下，实属不易。同时，重庆市林业局协调市能源局，对江津区、永川区等 5 个区县国有林场供电开展勘察和项目包装，并上报市发改委，将分批逐步解决全市国有林场供电问题。各区县也积极行动，渝北区将林场公路纳入农村公路建设统一规划实施，涪陵区将国有林场电网改造纳入农网改造范畴，石柱县将国有林场 D 级危房，纳入棚户区改造工程。2016 年，各级财政投入全市国有林场基础设施建设资金 1.55 亿元，改造危旧房管护站点 4 万平方米，修建各类林道 250 公里，新建蓄水池 1 万立方米，修建管线 50 公里，架设电力线路 22 公里，铺设光纤网络 81 公里，林场基础设施和信息化建设得到进一步加强。

⑧有效化解国有林场债务

重庆市林业局与重庆银监局、农行重庆市分行协商，对天保工程区内国有林场的遗留金融债务，开展了资产处置终结认定。重庆市林业局下发了做好衔接工作的通知，及时收集情况进展，目前已核销8494万元，收回各类抵押权证近100份，符合条件的金融债务全部豁免。2016年，重庆市林业局委托重庆中和会计师事务所对全市国有林场债务开展审计认定，目前已完成审计甄别工作。在区县层面，江津区财政将拖欠的国有林场退休职工养老金和在职职工绩效工资697万元纳入2017年财政预算。忠县对修建职工危旧房改造产生的1400万债务，除拍卖危旧房改造剩余固定资产充抵债务外，其余由县财政兜底。彭水县争取县级财政解决危旧房改造项目债务527万元。渝北区财政安排100万元解决国有林场金融贷款。

（2）改革面临的主要问题及建议

总体上看，前阶段国有林场改革工作取得了一定的成绩，也积累了一定的经验。但我们也应清醒地看到，工作中还存在着一些突出问题。一是国有林场改革进展不平衡，截至2017年5月15日，仍有6个区县未印发改革实施方案，改革工作推动缓慢。二是改革意识不强，部分区县对改革的认识仅限为定性、定编、定经费等，有的区县"等靠要"思想严重，凡事等市里的政策、资金支持，改革缺乏主动性。三是典型宣传不够，改革推进中的好经验和好做法，挖掘和总结不够，宣传不到位。我们要正视存在的各种问题，积极加以解决。

①加快推进改革进程

国有林场改革时间紧迫，任务繁重，没有印发改革实施方案的区县，林业部门要及时提请党委、政府印发方案，由区县政府迅速召开动员大会，安排部署国有林场改革工作。已经印发改革实施方案的区县，要协调政府办公室尽早印发改革重点任务责任分解，明晰相关区县级部门工作职责。要坚持"一场一策",每个林场都要制定详细的改革操作细则,经过区县林业部门审批后组织实施,"一场一策"将是我们国有林场改革市级验收的重要内容。严格把握改革时间节点,2017 年 9 月 30 日前完成改革主要任务并完成区县自查,重点是完成国有林场"定性、定编、定经费"、国有林场事企分开、森林管护购买服务、职工岗位设置等。区县级自查结束后由区县政府申请市级验收,我们将会就验收事宜专门发文,重庆市将在 2017 年 12 月底前完成验收,2018 年 2 月底前完成整改,同年 6 月底提请国家验收。

②用好改革补助资金

国家、市级、区县都投入了大量的改革补助资金,这在我市国有林场历史上非常难得。2016 年、2017 年两年共下达了中央国有林场改革补助资金 1.04 亿元,重庆市林业局也下发了资金使用意见,主要用于补缴国有林场拖欠的职工基本养老保险和基本医疗保险费用、国有林场拖欠 2005 年以后的职工工资。用于偿还债务的资金需要经过债务审计认定后方可偿还。目前,重庆市林业局党组已经对审计结果进行了审议,审计认定结果与市审计局沟通后下发。各区县要依据审计认定的结果进行偿还,逐笔登记债务偿还信息,做到偿还一笔、登记一笔、销号一笔,并做好相应财务处理。市财政安排了国有林场改革市级补助资金 1.6 亿元,在当前涉农资金整合的大背景下,要做好资金的争取,确保安排国有林场改革补助资金用于国有林场。各地要加强资金的管理和使用,将资金使用情况上报市林业局,这些资金是专项资金,都要接受审计,严防挪用和违规使用补助资金,确保资金效益。中央补助资金是严禁用于偿还金融债务的。中央、市安排的资金毕竟是补助性质的,区县政府是国有林场改革的责任主体,也是资金筹措的责任主体,林业部门还要积极协调区县财政部门,承担起改革资金兜底责任。

③加强沟通协调力度

各区县林业部门要主动对接编办、发展改革、财政、人力社保等有关部门，要围绕改革的重点任务、中央和市即将印发的改革验收办法内容等加强沟通协调，确保各项措施落地生根。要协调将国有林场基础设施建设纳入相关建设计划，促进国有林场与周边地区协调发展。主动与财政金融部门协调，研究解决国有林场债务问题，力争一次性全部化解债务。要将森林管护购买社会服务作为一项重要改革内容，协调财政落实购买服务资金，全面启动该项改革内容。同时，要加强与人力社保部门沟通，调整好国有林场职工岗位结构。市国有林场改革领导小组办公室要对照现有各项制度进行梳理，启动相关制度的起草制定工作，要积极研究制定《国有林场森林资源监管办法》，研究出台《重庆市国有林场管理办法》，积极协调争取纳入立法计划。要启动编制《重庆市国有林场中长期发展规划》，研究国有林场场长森林资源离任审计制度办法。要探索建立国有林场森林资源有偿使用制度，保障国有林场的合法权益。争取召开市农业农村改革专项小组会议，对照市委 15 号文件重点改革任务，协调编制、发展改革、交通、人力社保等部门落实配套支持政策。

④编制好森林经营方案

国有林场森林经营方案是国有林场制定年度生产计划、组织经营活动和区县林业主管部门实施森林资源监督管理的重要依据，也是提高国有林场森林质量、实现森林可持续经营的根本措施。编制国有林场森林经营方案也是国有林场改革的一项重要内容和改革成效评估验收的必要指标。因此，要高度重视，摸清国有林场家底，建立资源档案，做好启动国有林场森林经营方案的编制和修订各项准备工作。要坚持高标准，提高森林经营方案编制质量，确保森林经营方案具有科学性、实用性和可操作性。要将提升森林质量作为森林经营方案的重要目的，结合国家和市里即将启动森林质量精准提升工程，突出提高森林质量与效益，充分发挥森林多种功能。

⑤加强改革档案建设

国家《国有林场改革评估验收办法》已经出台，重庆市国有林场改革评估验收办法对重庆市国有林场改革时间节点、验收程序、验收项目、依据等进行了详细的规定，每一项验收指标均有相应的材料作为支撑，因此，各类改革档案将是开展改革验收、检验改革成效的重要依据。各地要切实做好国有林场改革资料的收集和整理，分类建档，专人负责，确保档案完整规范。同时，各区县要对当地国有林场森林资源、固定资产、流动资产、无形资产等资源资产情况，建立国有资产台账，严防国有资产流失，使国有林场改革能够经得起时间和历史的检验。

⑥做好改革宣传引导

国有林场改革不仅事关国有林场发展，也牵涉广大干部职工的切身利益。各地林业部门要把宣传发动作为基础性工作，耐心细致地做好工作，要坚持发扬民主，建立林场广大职工参与机制和监督机制，从而解决职工的思想顾虑，统一职工的思想认识。各地要严格执行改革月报制度，不仅报道改革工作进展和动态，更要善于总结工作推进中的好经验和好做法，正面发声。重庆市林场办要及时掌握各地改革进展动态，深入挖掘和总结各地在改革中涌现出的好经验、好典型和好做法，依托主流媒体开展多种形式的新闻宣传，交流各地改革工作的进展和成效，传播正能量，弘扬主旋律。

（3）涪陵区及南川区调研案例

①涪陵区武陵山国家森林公园

涪陵区大木山自然保护区管理处，属区级全额拨款事业单位（纳入涪陵区政府目标考核单位），机构为一套班子三块牌子，分别为重庆市大木山自然保护区管理处、重庆市涪陵区大木林场、武陵山国家森林公园管理处。林场职工编制数为59个，在职职工56人。部分林场基础设施较为落后，管护站（点）约6000平方米，多属20世纪六七十年代修建，功能不配套，房屋破旧；林区公路建设滞后，少数站（点）不通公路；电力设施落后，个别管护站（点）不通电；林区广电、移动通信网络较差，多数站（点）无宽带网络、无闭路电视、无无线通信信号。

2008年2月22日，太极集团取得大木林场牛皮坝管护站（武陵山国家森林公园）5641.5亩林权证，但是重庆市林业局对此事未予认可，也不予备案。大木林场其他辖区（罗云、清水塘、内子湾、水井槽）不涉及。武陵山国家森林公园规划面积24500亩，大木林场面积14699.85亩（集中在公园核心区），其余由大木乡、武陵山乡村社、集体林组成。1994年经四川省林业厅批准，以牛坪坝工区为主成立了四川省武陵山森林公园，1997年重庆划为直辖市后，经重庆市林业局批准更名为"重庆市武陵山森林公园"，2001年经上报国家林业局批准升级为"武陵山国家森林公园"，2003年9月，在涪陵区政府背景下，太极集团有限公司承债式兼并大木林场、武陵山国家森林公园。大木林场成立武陵山国家森林公园管理处，根据涪陵区编办2016职责界定为"参与森林公园开发、建设和管理相关工作"。

目前，防火、防虫工作（以林场森林辖区为主，保护区、公园依托乡镇、太极管理）主要存在着经费投入较大与经费无保障来源的矛盾；防侵占（集中体现在自然保护区和森林公园）主要是面临的挑战比较多，存在着严格职责管理与地方经济发展的矛盾。

②南川区山王坪喀斯特国家生态公园

南川区山王坪喀斯特国家生态公园位于重庆市南川区东南部，由南川区林木良种场山王坪区国有林地、流转的部分集体林地、合作业主的部分集体林地构成，总面积1620公顷。该公园建设单位为重庆市南川区林木良种场（山王坪喀斯特国家生态公园管理中心），该林场有在编职工33人、企业人员38人，直接从事山王坪喀斯特国家生态公园管理和服务的人员25人。

委托国家林业局中南林业调查规划设计院于 2014 年 8 月至 2015 年 10 月完成了《山王坪喀斯特国家生态公园总体规划》（2015—2025）。该《总体规划》经南川区人民政府常务会审议后报重庆市林业局组织专家评审，于 2015 年 12 月得到市林业局批复同意。根据该《总体规划》，山王坪喀斯特国家生态公园规划总面积 1629 公顷，其中南川区林木良种场国有林地 798 公顷，林地流转的集体林地 276 公顷，邻近的林地业主通过协议纳入生态公园合作开发建设的 555 公顷。

山王坪喀斯特国家生态公园已开发的游览区系南川区林木良种场国有林，从 2013 年年底开始建设，2015 年 4 月底试营业，由林场设立的"重庆市崟桦旅游开发有限公司"经营管理。2016 年接待游客 6 万人次，旅游收入 310 万元，辐射带动当地业主和农户涉旅游收入 2000 万余元。

（4）小　结

重庆市林业局按照市委、市政府的统一部署和要求，进一步抢抓机遇、压实责任、强化担当、积极行动，加快改革步伐，确保改革质量，为构建长江上游重要生态屏障、维护三峡库区生态安全、建设生态文明做出国有林场应有的贡献。近年来，重庆市强化了国有林场公益属性，有效推进事企分开，切实保障了林场职工利益，加强了森林资源保护，探索了经营管护机制。尤其在国家森林公园的建设方面优势突出、成果显著，对于其他省市的森林公园建设具有一定的借鉴意义。

（资料来源：以调研一手资料为主，参考《重庆日报》等）

11. 其他省份国有林场森林资源管理机制运行简况

（1）内蒙古自治区

国有林区改革取得阶段性成果，大兴安岭重点国有林管理局成立，森工集团承担的社会管理和公共服务职能全部剥离，所属经营性企业有序分类划转，职工基本得到妥善转岗安置，职能逐步向生态保护建设转变。国有林场改革稳步推进，国有林场剥离办社会职能基本实现，盟市国有林场改革《意见》全部印发，已批复91个旗县（市、区）、满洲里市和6个盟市直属国有林场改革实施方案。集体林权制度不断完善，出台了《内蒙古自治区人民政府办公厅关于完善集体林权制度的实施意见》《关于进一步规范集体林权流转管理工作的意见》《关于加快农牧民林业专业合作社发展的意见》《关于加强基层林业组织建设的意见》等4个指导文件，继续稳定集体林地承包关系，放活生产经营自主权，引导集体林适度规模经营，规范集体林权流转，全区集体林地累计经营权流转面积577.49万亩，累计抵押林地面积69.89万亩。完成了4个国有林场的森林资源资产负债表编制试点工作，编制方法被登记为自治区科学技术成果。森林保险工作积极开展，年度投保林地面积达3.93亿亩，已决赔付3.5亿元。

引入市场机制，提升公益林管护社会化程度。目前，锡林郭勒盟10个旗县市13个林场（治沙站）已全部实现购买服务为主的国有林场公益林管护模式。其中，锡林浩特市政府通过公开招标，与中标企业签订合同，实现森林资源管护市场化运营模式。阿巴嘎旗、东乌旗、西乌旗、西苏旗、镶黄旗、正镶白旗、正蓝旗、太仆寺旗、多伦县等9个旗县以林业局或林场为单位，用公益林补偿资金招聘管护人员，成立管护大队进行公益林管护工作。

落实各项惠民举措，农牧民林业收入明显增加。通过政策引导、项目倾斜和资金支持，内蒙古自治区林业产业较快发展，基本形成了以林木培育、特色经济林、灌木原料林、中蒙药材、森林食品、林业生态旅游等产业为主导，以"企业＋基地＋合作社＋农牧户"为利益联结机制的林业产业发展格局，2017年全区林业产业产值达500亿元。落实森林生态效益补偿、生态护林员补助、天保工程公益林管护补助、退耕还林补助、造林补贴、林业贷款贴息补贴等惠民政策，直接有效地增加了农牧民和林场职工收入。落实国有贫困林场扶贫资金1.04亿元，完成国有林场危旧房（棚户区）改造5.1万户，极大地改善了贫困林场职工的居住条件。2017年，新增建档立卡生态护林员3000人，全区建档立卡生态护林员达到8000人，每人每年获得补助资金1万元，使8000个贫困家庭的生活得到显著改善。

内蒙古自治区提出的阶段性目标是，到2020年，全区林业现代化水平明显提升，生态环境总体改善，生态安全屏障基本形成，林区群众生活全面实现小康。森林覆盖率达到23%，湿地面积不低于9000万亩，重要野生动植物栖息地得到有效保护。到2035年，初步实现林业现代化，生态状况根本好转，美丽内蒙古目标基本实现。同时，森林覆盖率达到25%，生态系统稳定性进一步增强，野生动植物栖息地得到全面保护，天然林保护制度基本完善。到21世纪中叶，全面实现林业现代化，生态文明全面提升，实现人与自然和谐共生，森林覆盖率达到27%，野生动植物栖息地完整健康，生物多样性丰富，生态系统稳定，所有天然林资源得到有效保护。

（资料来源：内蒙古自治区林业厅网站）

（2）辽宁省

自2015年2月8日，中共中央、国务院关于印发《国有林场改革方案》《国有林区改革指导意见》的通知，全面启动国有林场林区改革工作以来，辽宁省委省政府坚决贯彻落实中共中央、国务院的决策部署，在深入调研摸底全省国有林场情况的基础上，依托资源优势，深挖潜力，创新发展，加快推进国有林场改革工作。2016年2月，省委省政府正式出台了《辽宁省国有林场改革实施方案》，明确全省国有林场改革坚持国有林场的公益性质，将发挥生态功能、提供生态服务、维护生态安全确定为全省国有林场的主要功能和基本职能，保护和培育好森林资源，保障和改善民生。

　　到 2017 年 3 月，辽宁省国有林场改革工作小组完成 14 个市 55 个县（区）183 个国有林场改革实施方案的省级批复。同年 6 月，全省国有林场全部完成主体改革任务，明确了国有林场的公益属性，科学核定了编制，实现了社保全覆盖。同年 12 月，完成了对各市县国有林场改革的省级验收工作，改革工作已经按照国家和省委省政府的总体进度安排完成阶段性目标。

　　全省一次性趸交国有林场拖欠社会保险费 3.5 亿元。各地财政部门下发了林场纳入财政文件 46 份，年增加财政预算 2.1 亿元，其中，38 个县区 89 个国有林场的财政经费已拨付到林场，3426 名职工已由财政打卡开支，在职职工月均工资较改革前的 1980 元增加了约 52%。

　　全部落实了公益事业单位。改革前，全省涉及的 183 个国有林场中，全额拨款事业单位仅 4 个，差额拨款事业单位 51 个，自收自支事业单位 125 个，企业 3 个。改革后，全省 183 个国有林场全部定性为公益型事业单位，人员和机构经费纳入同级财政预算。其中 156 个林场定性为公益一类事业单位，占 85.2%。

　　全部落实了事业编制。全省参与核定编制的在职职工 11,688 人，改革后核定事业编制 8044 人，占在职职工的 69%；富余职工 3644 人，占在职职工的 31%。通过采取购买服务、发展林业特色产业、转岗就业等措施，确保富余职工工作有保障，收入不降低，逐步过渡到退休。比如，锦州凌海市采取"抱团取暖，有效分流，分兵作战"的办法，确保林场职工一个都不少。同时，4 家林场统一核定事业编制，富余人员全部纳入市级财政预算，多种经营收入，实行"收支两条线"管理，确保改革取得成功。

　　全部落实了社会保险。改革解决了历史上的社会保险欠账，对国有林场拖欠的社会保险费一次性趸交，同时理顺了参保平台。改革后，国有林场职工包括在职和离退休人员均纳入事业单位保险，按照规定参加当地养老、医疗、工伤、失业、生育社会保险，做到应保尽保，实现全覆盖。

化解了历史遗留问题。辽宁省林业厅积极推进国有林场改革的同时，不等不靠，抓住机遇化解历史遗留问题，为林场改革轻装前行、快速发展创造了有利条件。比如，自20世纪90年代起，辽宁省实验林场创办了4家经营性企业，先后拖欠银行贷款本息合计9754万元。本项金融性机构贷款不符合中央6号文件债务化解政策。作为主管部门的辽宁省林业厅经认真研究，与银行多次协商，达成了以回购金额160万元化解9754万元债务的处置意见。目前，已签署债权转让协议及回购手续，回购资金已划拨，林场金融性债务已得到化解。

充分发挥国有林场在发展森林旅游产业中的领头羊作用。根据辽宁省城市分布特点及森林旅游资源特色，将森林旅游划分为山、海、民俗、宗教生态旅游区。一是以枫林谷、关门山为龙头，发挥国有林场森林资源丰富和自然环境优美的优势，整合绿色山水生态旅游资源，重点发展山、湖、洞休闲度假旅游。二是以大连为窗口，辐射营口、盘锦、锦州、葫芦岛、丹东沿海地区，依托区域内山水、滨海兼备的森林旅游资源，重点发展滨海旅游和城郊森林旅游业。三是以抚顺为中心，辐射沈阳、辽阳、鞍山，充分发挥满族文化等旅游资源优势和森林生态环境优势，利用赫图阿拉老城、萨尔浒遗址等旅游品牌的带动功能，重点发展森林文化体验探索和森林休闲养生旅游。四是以海棠山、医巫闾山为核心，辐射阜新、朝阳，充分发挥宗教影响力和优美的森林资源优势，重点发展森林养生养老和森林休闲旅游。

辽宁省积极稳妥推进国有林场改革，主体改革任务基本完成。目前，全省国有林场正在发挥资源优势，谋划产业项目，为未来积攒后劲，加快形成新的经济增长极，助力辽宁绿色崛起。

（资料来源：新浪看点）

（3）吉林省

吉林省有 340 个国有林场，现有职工 6.8 万人，经营总面积 5832 万亩，占全省辖区面积的五分之一。长期以来，由于功能定位不清，管理体制不顺，经营机制不活，吉林省国有林场面临资源消耗严重、林场生存极为困难、林业职工收入和生活水平远远落后于地方经济社会发展等诸多困难和问题。

2016 年 6 月，全省国有林场改革工作正式启动。全省国有林场改革将发挥生态功能、提供生态服务、维护生态安全确定为国有林场的主要功能和基本职能，作为推进国有林场改革发展的基本出发点，保生态、保民生，建立三大体制，即建立健全国有林场管理体制、森林资源监管体制和林业民生保障体制。目前，吉林省国有林场改革的顶层设计已全部明确，各项任务推进的时间表、路线图已十分明晰，国有林场改革已经取得了阶段性进展。

强化组织保障。吉林省政府成立了国有林场和国有林区改革领导小组，吉林省国有林场和国有林区改革领导小组办公室印发了《吉林省国有林场林区改革重点工作分工的通知》。市、县两级政府和林业部门也相应成立了改革领导机构。吉林省政府与各市州签订改革目标责任书，明确各级政府的主体责任。吉林省林业厅成立了林业三项重大改革领导小组，吉林省编制部门批复设立了吉林省国有林场管理总站。

强化宣传培训。吉林省印发了《国有林场改革资料汇编》《吉林省国有林场改革操作流程》；举办国有林场改革专题培训班，分层次进行培训，详解改革政策、标准和操作流程；建立改革专题网站和微信公众号，编发《改革动态》，使林场职工清晰明白改革进度、改革要求。

出台改革配套政策。省级相关部门研究财政补助、参加社会保险、缓收滞纳金和职工身份认定等改革配套政策，联合印发了《关于国有林场改革涉及几个具体问题的指导意见》。

拨付改革补助资金。2016 年共协调落实各类资金总额达 23.7 亿元,有力保障了改革平稳推进。其中中央财政国有林场改革补助资金 11.1 亿元,中央财政天然林停伐补助 8.5 亿元,中央财政天然商品林管护费 0.6 亿元,中央财政国有贫困林场扶贫资金 0.5 亿元,省财政落实国有林场改革补助资金 3 亿元。

吉林省国有林场改革采取了试点先行、分步推进的办法。公主岭市等 13 个县(市、区)先期开展改革试点工作,各非试点单位也开展了职工身份认定、编制方案等改革准备工作,截至 2017 年 5 月,已有 42 个县份完成县级职工身份认定工作。企业性质的国有林场职工养老保险欠缴部分已基本补缴到位,各试点县的县级方案正在印发执行。

2017 年年底,全省全面完成国有林场改革主要任务和省级验收工作,完成国有林场改革主要任务,清收还林 25 万亩,并将加快建设东北虎豹国家公园。

(资料来源:吉林省林业厅网站)

(4)江苏省

自 2015 年年初,中共中央、国务院印发《国有林场改革方案》,国务院召开电视电话会议进行部署以来,江苏省委、省政府高度重视,并对贯彻中央精神、推进国有林场改革工作提出了明确要求,积极部署改革工作。省委全面深化改革领导小组把推进国有林场改革作为 2016 年、2017 年全省重点改革任务,明确了工作责任和季度推进计划。全省各地按照省委李强书记提出的"以钉钉子精神推动改革落地见效"的要求,坚守"保生态、保民生"的底线,切实承担主体责任,不断加强组织领导,精心谋划,认真制定国有林场改革实施方案,推动各项改革任务落地见效,全省国有林场改革工作总体进展情况良好。截至 2017 年 7 月底,全省有改革任务的县(市、区)及单位的国有林场改革实施方案均已获准批复实施,取得了阶段性成果。

一是优化整合重组到位。对同一行政区域内，经营面积不足 3000
亩、分布零散的国有林场，按照分类经营、分类管理、适度规模的原则
予以重组整合，将纳入改革范围的 73 家国有林场整合为 59 家。

二是公益性质明确到位。将国有林场主要功能明确定位于保护培育
森林资源、维护生态安全，整合后 42 个国有林场被定性为公益性事业
单位，其余 17 个保持企业性质不变，定性为公益性企业。

三是机构编制核定到位。综合考虑国有林场区位、功能定位和生态
建设需求等因素，按照精简高效原则，科学合理核定事业编制，用于国
有林场聘用管理人员、专业技术人员和骨干林业技能人员，经费纳入同
级财政预算。全省 42 个公益事业性质林场共核定事业编制 1155 个。其
余 17 个企业性质国有林场，县级政府则在本级林业主管部门合理配备
专门人员，派驻国有林场并履行公益林管理职责，人员经费纳入同级财
政预算。

下一阶段，江苏省将继续深入推进国有林场改革，加大改革督查力
度，确保按期圆满通过国家组织的改革评估验收。

（资料来源：江苏省林业厅网站）

（5）安徽省

改革前，安徽省共有国有林场 141 个，分布在 15 个市、58 个县
（市、区）。其经营总面积 418 万亩，活立木总蓄积量 1690 万立方米，
林场职工共有 17826 名，其中在职职工 9998 名。以国有林场为依托建
立的国家级和省级森林公园 44 处、自然保护区 11 处、湿地公园 1 处。

国有林场改革推开后，安徽省、市、县三级均成立了政府负责人为
组长，10 多个部门人员组成的国有林场改革领导小组。省委、省政府
将国有林场改革列为 2016、2017 年度全面深化改革的重点任务和政府
重点工作，纳入年度目标考核。省、市、县三级政府层层签订国有林场
改革目标责任书，及时完善政策措施解决职工安置、改革成本、基础设

施等重点问题，创新构建责任明确、分级管理的森林资源监管体制，完善绩效管理和考核机制，健全国有林场森林资源动态监测体系，活化经营机制等。

目前，全省国有林场改革任务基本完成，初步实现了林场整合、功能定性、编制核定、职工安置"四到位"。一是林场整合到位。在稳定现行隶属关系的基础上，辽宁省对同一行政区域内规模过小、分布零散的多个国有林场，根据机构精简和规模经营原则进行整合，将全省原有141个国有林场整合为100个。二是功能定性到位。坚持生态保护优先，将国有林场主要功能明确定位于保护培育森林资源、维护生态安全。整合后的国有林场有97个被定性为公益性事业单位，其中73个被定性为公益一类事业单位、24个被定性为公益二类事业单位；有3个被定性为公益性企业性质。三是编制核定到位。以"因养林而养人"为方向，科学核定国有林场事业编制数量，用于聘用管理人员、专业技术人员和骨干林业技能人员，经费纳入同级政府财政预算，全省国有林场事业编制人数压减45%左右。四是职工安置到位。通过政府购买服务的方式，3个公益性企业的国有林场森林管护经费支持政策得到落实。同时，职工岗位设置已完成，富余职工已妥善安置，职工社保政策全覆盖。改革期间，全省国有林场生产经营管理秩序保持稳定，森林资源总量持续增长，森林蓄积量较2015年上升6.7%。

2017年9月18日，《中共安徽省委、安徽省人民政府关于建立林长制的意见》（以下简称《意见》）印发。《意见》提出在合肥、安庆、宣城等地先行试点的基础上，2018年在全省推开，建立省、市、县、乡、村五级林长制体系，构建责任明确、协调有序、监管严格、运行高效的森林资源保护发展机制，为实现森林资源有序利用、建设绿色江淮美好家园提供制度保障。如今，安徽各地将国有林场纳入"林长"的责任范围，并按照《安徽省国有林场中长期发展规划（2017－2030年)》要求，力争到2030年将国有林场打造成为全省林业生态建设的示范区、林业经济发展的先行区、林业干部职工队伍精神风貌的展示区。

（资料来源：安徽省林业厅网站）

（6）山东省

2016 年 3 月，山东省发布了《山东省国有林场改革实施方案》，其总体目标是到 2017 年 12 月，全面完成国有林场改革任务，实现生态功能显著提升，职工生活条件明显改善，管理体制全面创新。

改革前，国有林场性质定位不准、管理体制不顺。国有林场主要承担着保护培育森林资源的重任。虽是国有事业单位，但在 150 处生态公益型林场中仍有 47 处实行企业化管理，经费自收自支，全省国有林场近 5 年职工年平均工资仅 3.56 万元左右，致使国有林场"不城不乡、不工不农、不事不企"，总体处于低水平运行状态。全省国有林场在职职工平均年龄近 50 岁，职工队伍老龄化严重，加上国有林场地处偏远，原有的人才留不住，急需的人才进不来，国有林场发展后继乏力。

国有林场负债累累。截至 2015 年年底，全省国有林场负债总额达到 15.4 亿元。其中：拖欠职工工资 4.6 亿元、社会保险费 0.52 亿元、住房公积金 0.524 亿元，造林、营林、护林等债务 9.73 亿元。沉重的债务负担使国有林场举步维艰，严重制约着国有林场的健康发展。

2018 年 1 月，国家国有林场林区改革工作小组组成联合督查组，对山东省国有林场改革进展情况进行督导检查。结果显示，目前，山东省市、县两级国有林场改革实施方案已经省政府批复实施，共有 127 处国有林场完成改革主体任务，占国有林场总数的 82%，改革取得明显成效。泰安、临沂作为国家改革试点市，所属 42 处国有林场已全面完成改革任务，并于 2016 年年初通过国家验收；其余有改革任务的国有林场共 113 处，涉及 15 个市 68 个县（市、区）。

国有林场改革启动以来，山东省各级林业主管部门积极转变职能，加强发展战略、规划、政策、标准等制定和实施，减少对国有林场的微观和直接管理，强化了国有林场独立法人地位。对同一行政区域内规模过小、分布零散的国有林场，根据机构精简和规模经营的原则进行了整合。将 8 处隶属其他单位管理的国有林场，划归林业部门管理。绝大部分市、县（市、区）积极引入市场机制，将国有林场造林、抚育、采伐特别是护林防火等项目，通过政府向专业队购买服务的方式解决。同时，将 49 处国有苗圃并入国有林场，实现资源共享、技术互补。积极探索实行"收支两条线"管理，收入上缴财政后按一定比例返还或直接纳入单位部门预算，优先用于林场基础设施建设和林业生产活动。

各地把加强森林资源监督管理作为改革的首要任务，全省没有因为改革发生一起违法违规流转、侵占国有林场林地和乱砍滥伐林木现象。同时，省林业厅积极协调解决历史遗留的占地问题，通过置换、弥补、终止合同等方式，收回国有林地 5800 多亩。通过改革，96% 的国有林场被定性为公益一类事业单位，82% 的国有林场职工收入由原来的年均 3 万余元提高至 5 万余元，90% 以上的职工参加了养老、医疗等社会基本保险。

（资料来源：山东省林业厅网站、中国山东网、和讯网）

（7）广东省

国有林场改革自启动以来，广东省始终坚持改革正确方向，走在全国前列。中央 6 号文件印发后，不到半年时间，林场改革团队即推动改革方案出台。最终，广东省制定国有林场改革方案，第一个通过省委常委会审议、第一个上报国家审批、第一个获得国家批复、第一个以省委省政府文件印发实施。2016 年年底，广东省属林场分类改革方案经省编委会议审议印发实施，省属林场全部定性为公益一类事业单位。

推进改革以来，广东省国有林场焕发出新的生机与活力。

建立新型国有林场体制机制。改革后，全省整合为 207 个国有林场，定性为公益一类事业单位的占 75%，定性为公益二类事业单位的占 23%，维持原企业性质的占 2%。综合考虑国有林场区位、功能职责和生态建设需求等因素，全省共核定公益一类事业编制 4082 名、公益二类事业编制 2816 名，现有职工入编率达 88%。国有林场纳入地方财政保障体系，并通过政府购买服务核定护林员等岗位，充实林场"保生态"基础力量。全省将规模过小、分布零散的 47 个林场整合为 22 个较大林场，实现机构精简和规模经营。各地积极探索和鼓励具备条件的国有林场建设森林公园，适度向公众开放，提供普惠性的生态公共产品，使国有林场改革红利惠及广大民众。

有效保护国有森林资源。仅 2016 年，全省国有林场生态公益林面积就增加 42 万亩，达 719.3 万亩，比例由 57% 上升至 61%。全省国有林场新完成林权确权 1127 宗，解决林权争议面积 79244 亩，确权发证面积占国有林地面积的 91.5%，与 2015 年相比提高 10.5 个百分点，提前收回出租国有林地 4.7 万亩。经省政府批准，省林业厅印发《关于严格控制建设项目占用国有林场林地行为的通知》，进一步加强国有林场林地保护。广东省还率先探索加强国有林场森林资源监测体系建设，委托专业技术部门编制《广东省国有林场和森林公园资源资产负债表》，通过构建数据管理平台，提高宏观监测能力，并建立健全国有林场森林资源管理档案。

完善职工保障机制。改革按照内部消化为主、多渠道解决就业原则，全省各地新核定事业编制数内已安排大部分职工工作岗位，相当部分市（县）在职职工实现全员过渡，一些地区在现有人员基础上增加事业编制用于保护和培育森林资源。富余职工通过购买服务方式从事森林管护抚育，或安排从事森林防火、森林旅游、资源调查、林下经济、经济实体等方面工作。东莞、珠海、韶关等市富余职工待遇比照进入编制职工同等待遇发放，相关支出纳入地方财政预算。各级政府筹措资金，确保改革前编制内退休人员养老待遇不低于原有水平。

有力解决历史遗留问题。全省国有林场所办医院、学校等机构，所代管征兵、户籍、计生、水库移民等社会事务均逐步移交属地管理，理顺林场与代管乡镇、村的关系，使林场脱胎换骨后轻装上阵，将主要精力集中到森林资源保护和培育主业上来。在国家层面暂未出台相关政策前，各地主动探索，积极出台政策妥善处置林场债务尤其是因营造公益林产生的不良债务，大大减轻了林场负担。各级政府积极将国有林场纳入支农惠农政策和扶贫工作计划，加大对林场基本公共服务和基础设施建设的扶持力度，林场生产生活条件得到全面提高，林场可持续发展能力不断增强。

（资料来源：广东省林业厅网站）

(8) 海南省

2016 年，海南省有 37 个国有林场，管理林地占全省的 20.7%，公益林占全省的 45.1%，天然林占全省的 53%，且集中分布在大江大河源头、主要水库周围、沿海风沙前线等重点生态脆弱区和敏感地区。为解决国有林场在体制机制等方面存在的突出问题，更好地提升其保护森林生态的功能，省委省政府贯彻中央精神，制定了《海南省国有林场改革实施方案》，明确了海南省国有林场改革的总体要求、目标任务和具体措施。

此次改革科学整合林场布局，将全省林场总数从 36 个缩减为 32 个，省属林场定为 13 个，市、县属林场定为 19 个。尖峰岭、霸王岭、吊罗山、黎母山、猕猴岭等 5 个自然保护区管理局（站）与所在的林业局（林业公司、林场）合并，实行"两块牌子一套人马"的管理体制。

改革后，列入财政拨款的事业单位林场个数从改革前的 1 个增加至 28 个，事业单位比例从改革前的 2.8% 提高至 87.5%。其中，省属林场比例达到 100%。所有改革林场以两种模式积极推进事企分开：一是组建经营实体，如省属林场全部成立森林发展有限公司，实行职能分开、财务分开、资产分开、债务分开；二是不组建经营实体，由林场直接经营商品林采伐、林业特色产业和森林旅游等暂不能分开的经营活动，实行严格的"收支两条线"管理。

在森林资源管护机制上，继续完善公益林政府购买管护机制。在改革过渡期，暂由林业行政主管向经营实体购买公益林管护服务，妥善安置富余职工。待过渡期结束后，将逐步引入市场机制，通过合同、委托等方式面向社会购买服务。

同有林场改革按照中央"不采取强制性买断方式，不搞一次性下岗分流"要求，把现有林场在册职工成建制转入经营实体就业。全部职工按照规定纳入城镇职工社会保险范畴，符合低保条件林场职工及其家属纳入当地城镇居民最低生活保障范围。目前，全省3558名林场在职职工已全部参保，参保率达100%。各项改革任务在2017年8月底前已完成，各省属、市县属林场在10月底前已完成了自查验收。

（资料来源：海南省林业厅网站）

（9）四川省

2016年5月，省委、省政府印发《四川省国有林场改革实施方案》；同年6月，林业厅印发《四川省林业发展"十三五"规划》，规划提出到2020年森林覆盖率达到40%、森林蓄积量达到18亿立方米，林业总产值达到5000亿元。同年7月，四川省政府召开全省国有林场改革工作电视电话会议，部署推进全省国有林场改革工作。改革涉及国有林3970万亩，国有林场180个、职工1.4万人。

改革一年后，截至2017年5月，全省180个国有林场中，已有156个确定为全额拨款公益一类或公益二类事业单位，占总量的86%左右。全省有国有林场分布的20个市（州）均已公布了改革方案，明确林场管理层级不变和政事分开，并确立"向社会购买服务"为主体的公益林管护机制。各林场已累计面向社会招聘 1000 余名生态护林员。同时，四川省同步启动国有林场不动产确权登记颁证，全面建立起林场森林资源有偿使用制度。而通过资源整合、机构合并等方式，已有 30 个林场的管护范围得到扩大。

在职工待遇方面，各林场均建立起"收支两条线"财务制度，基本实现职工工资足额、及时发放。截至 2017 年 5 月，全省已累计下达改革财政补助资金 2.42 亿元，用于 1359 户林场职工危旧房改造以及林区基础设施建设。

改革也涌现出了一批先进典型。达州市开江县政府搭建林权交易平台，激活资源优势，促使森林资源转变为森林资本。同时，靠山吃山打造特色。依托现有森林资源，完善景区基础设施建设，推出一批生态旅游精品线路，开发休闲度假、民俗体验等不同类型生态旅游产品，打造了一批生态宜居的特色乡村。另外，利用现有森林资源，大力发展林下中草药种植业、苗木花卉培植业、野生动物驯养业、林下养殖业、林特产品加工业、森林旅游业，加快形成一批拉动经济增长助农增收的特色产业，2017 年开江县生态旅游和林下经济两项产值达 4.2 亿元。

眉山市以增强林业发展后劲为出发点，持续深化林业改革创新，取得了显著成效。一是探索在新形势下如何解决林业生产融资难问题，协调各类商业银行为林业发展融资，引导和规范民间金融资本支持林业产业发展。2017 年完成林权抵押贷款 7 宗，抵押贷款总额为 8440 万元，面积 5777.29 亩。洪雅瓦屋山国家森林公园申报"全国林业产业投资基金项目"，向建设银行申请了 50 亿元项目融资。青神县申报"四川青神岷江流域生态屏障项目"，拟向中国农业发展银行申请 2 亿元贷款。二是积极推进大熊猫国家公园试点建设。确定了大熊猫国家公园眉山纳入面积，开展了大熊猫国家公园眉山范围内涉林机构、人员及资产的再核查，完成了大熊猫国家公园眉山范围内勘界落图工作。三是多元培育经营主体。深入开展示范社创建活动，发挥辐射引领作用，促进林业生产规模化、集约化、标准化、信息化发展。目前，眉山市全市发展家庭林场61家，经营面积3.4万亩；培育林业大户616户，经营面积8.5万亩；培育林业合作经济组织94个，入社农户24316户，带动农户71125户。其中，市级示范社6个，省级示范社5个，国家级示范社2个。

总体来看，四川全省国有林场改革工作推进顺利，各地均已完成改革主体任务，部分市（州）开展了县级和市级自查验收，并准备迎接省级验收。

（资料来源：四川省林业厅网站、重庆网络广播电台网站）

(10) 贵州省

2016年5月，贵州省委、省政府正式印发《贵州省国有林场改革实施方案》，提出将完成全省110个国有林场的理顺和完善管理体制、合理核定岗位编制、妥善解决好职工安置和社会保障、妥善解决历史债务、完善国有林场可持续发展机制、加强职工队伍建设等改革任务。

2016年，全省累计完成造林面积528万亩，全省森林面积达1.374亿亩，森林蓄积4.25亿m^3，森林覆盖率较上年增长两个百分点，从"十二五"初的41%提高至52%，"两江"上游生态屏障基本建成。同时，全省共完成义务植树5600万株。围绕山地特色新型城镇化建设、"四在农家·美丽乡村"行动计划、"多彩贵州·最美高速""五个一百"工程等，以环城城郊绿化、通道绿化、镇村绿化、园区绿化、旅游景点景区绿化为重点，全省披绿14.9万亩，创建省级森林城市3个。

截至2016年年底，全省森林和野生动物及湿地类型自然保护区达到105个、总面积1346.49万亩，建立森林（生态）公园94个。通过开发利用森林资源和景观优势，大力开展森林旅游和森林康养，全省年均接待游客3000万人次以上。

初步建立以湿地自然保护区为基础、湿地公园为主体、湿地保护小区为补充的湿地保护体系，全省国家湿地公园从 2011 年前的 1 处增加至 45 处，成为我国国家湿地公园增速最快的省份。

提升林场经济效益。贵州省国有林场采取对外承包林地、租地、联营合作、股份合作、赎买青山等形式，实施场外造林，森林资源面积不断扩大。据统计，贵州省已有 25 个国有林场实现场外造林 65 万亩。改制后，毕节市因地制宜、立体开发、适度经营，发展种植业、养殖业、加工业和森林旅游业等实体经济。

纳雍县林场采取职工入股的方式，建立纳雍众森园林绿化股份有限责任公司，培育香樟、桂花等绿化苗木 300 余亩，年收入达 100 万元，人均年收入 2 万余元。

大方县大海坝国有林场充分利用自身森林、林地资源优势，引导职工发展林下经济。2014 年，林场与当地天麻种植专业户、专业合作社和天麻加工公司合作，职工筹资 80 余万元，发展林下种植冬荪 20 亩、天麻 300 亩，产值超过 200 万元，净收入超过 100 万元。

地处川、渝、黔交界处的赤水市，利用 4 个国有林场中的丹霞地貌、桫椤王国、茂密竹海、瀑布等旅游资源，每年吸引 300 多万人次的游客，一些林场通过门票收入分成改善了林业基础设施力度、加大了营林护林力度。

贵州省随着林业改革的深入推进，进一步突破发展瓶颈；造林绿化全面完成，进一步厚植生态基础；林业产业快速发展，进一步壮大绿色经济；林业扶贫卓有成效，进一步促进兴林富民；资源保护持续加强，进一步维护生态安全；自然保护区和湿地建设不断加强，进一步扩大保护面积；支撑保障不断提升，进一步夯实发展基础。

（资料来源：贵州省林业厅网站、浙江省林业厅网站、当代先锋网）

（11）云南省

云南全省林地面积 3.91 亿亩，森林覆盖率 59.7%，森林蓄积量

19.3 亿立方米, 森林生态系统年服务功能价值 1.68 万亿元, 生态保护指数 75.79 分, 均居全国前列。全省林业发展实现了生态建设与产业发展并重、生态改善与林农获益双赢的重大转变, 为维护生态安全、促进农民增收、推动全省经济社会发展做出了积极贡献。

近年来, 云南省全面推进国有林场改革, 落实中央和省级财政改革资金 4.1 亿元, 145 个国有林场改革实施方案已通过审批, 占 148 个参改林场的 98%, 147 个国有林场定性为公益性事业单位, 3 个州市、17 个县落实了国有林场管理机构和编制, 全省国有林场职工基本养老和基本医疗保险参保率达到 100%, 国有林场管理林地面积由 4241 万亩增加至 5127 万亩。

云南省着力完善集体林权制度改革配套政策, 报请省政府出台了《关于完善集体林权制度的实施意见》, 在昆明市宜良县开展了公益林放活经营试点, 示范带动相关政策措施在全省贯彻落实。

积极推进国家公园体制试点, 报请省政府批准成立了省级国家公园体制试点领导小组, 明确了香格里拉普达措国家公园体制试点工作重点任务和分工, 规范了国家公园特许经营项目管理, 编制上报并经省政府常务会议审定通过了《亚洲象国家公园体制试点方案》。

全省完成营造林 621 万亩, 低效林改造（含森林抚育）251 万亩, 全民义务植树 1.08 亿株, 森林管护 2.5 亿亩（含天然商品林）, 退耕还林和陡坡地生态治理 180 万亩, 完成路域环境绿化优化 194.2 万亩, 推广太阳能热水器 9 万台、农村节柴改灶 10 万户, 全省森林覆盖率增加 0.4 个百分点, 森林蓄积量增加 3500 万立方米, 实现了"双增"。

在人才培养方面, 省林业局与科技厅共同建立了林业科技协同创新机制, 设立了林业领域重点研发专项。实施林业科技推广示范项目 24 个, 举办科技培训 21 期、培训人数 13 万人次。林业技术院校办学条件不断改善, 人才培养质量不断提高, 培养林业技术人才 4011 名。林业科技进步贡献率提高到 47%, 科技服务林业发展的能力全面提升。

着眼提升优质绿色林产品供给能力，大力推进林业供给侧结构性改革，加快发展木本油料、林下经济、观赏苗木、森林旅游等特色林产业。云南省开展了全省林业产业发展情况和林特产品优势区基本情况摸底调查工作，编制实施了《云南省核桃产业发展行动方案》，完成木本油料基地建设 132 万亩、核桃提质增效示范项目 111 万亩。积极培育林业经营主体，新增国家林业重点龙头企业 3 户、省级林业龙头企业 60 户，认定省级示范家庭林场 5 户。启动了核桃收储贷款贴息试点，成功举办了"2017 云南·昆明核桃博览会"，签订意向性销售和合作合同 195 份，总成交额近 3 亿元。林业行业总产值 1955 亿元，同比增长 14.7%，林区群众来自林业的收入稳步提高，林业绿色优势和作用越来越明显。

(资料来源：云南省林业厅网站)

(12) 西藏自治区

2016 年 5 月，经国家国有林场和国有林区改革工作领导小组审核同意，《西藏自治区国有林场改革实施方案》正式获得批准，这标志着西藏自治区国有林场改革工作的全面展开。

《西藏自治区国有林场改革实施方案》呈现出三个特点：一是强化了森林资源保护，通过成立护林员管理机构，配合以前的公益林管护办法规定，建立起了符合西藏实际的森林资源管护新体系；二是明确了国有林场的公益定位，将资产状况和经营业绩较好的国有林场定性为公益性企业；三是充分利用本次改革的优惠政策，妥善分流人员、注销部分林场、盘活非林资产，解决了林场的生存问题，稳定了职工，消除了社会隐患。

2017 年，西藏全年到位林业生态保护与建设资金 36.02 亿元，与 2016 年相比，增加了 2.01 亿元。确保了"两江四河"造林绿化、退耕还林、防沙治沙、湿地保护修复、天然林保护、森林防火及林业有害生物防治等林业重点工程建设稳步实施。同时，西藏通过林业生态保护与建设，全年带动农牧民增收 20 亿元左右；出台了《西藏自治区人民政府关于大力开展植树造林推进国土绿化的决定》等。

积极参与亿利集团在那曲地区开展高海拔地区造林科技攻关工作，现已种植各类树木 500 亩。与全区 7 市（地）政府（行署）签订责任书，开展"无树村、无树户"消除行动。全年完成造林任务 124 万亩（含防沙治沙）、新一轮退耕还林任务 12 万亩，消除无树村 113 个、无树户 21683 户；全面停止天然林商业性采伐，1.6 亿亩森林得到有效管护，落实停伐补助资金 4.29 亿元。

公益林和天保工程森林管护标准提高到 10 元/亩·年，年森林管护资金达 17.26 亿元。投资 1.39 亿元，完成麦地卡、雅尼等 16 个重要湿地保护与恢复项目建设，新增国家湿地公园（试点）4 处。签订新一轮森林防火目标管理责任书，发布森林防火期"十不准"；完成 7 地（市）28 个县（区）林业有害生物普查外业工作；建设野生动物疫源疫病监测站 3 个；自治区公益林补偿标准再次提高，从 9 元/亩·年增至 10 元/亩·年。中央财政先后投入资金 0.25 亿元，实施羌塘保护区重要湿地生态效益补偿试点；申扎、定结、浪卡子 3 县湿地生态效益补偿试点顺利实施；野生动物肇事补偿商业保险试点逐步推开；创新羌塘国家级自然保护区管理体制机制，自治区投资 3 亿多元，健全完善保护区管理机构、建立 73 个管理站、组建 780 名农牧民专业管护队伍，履行"十抓十防"职责；完成了国有林场改革自评估和地（市）级国有林场改革实施方案审批。

制定出台了《关于做好集体林权制度改革与林业发展金融服务工作的意见》，首次发放林权不动产权证书 35 本，成功破题林权抵押贷款，发放贷款 800 万元；编制了《西藏林业产业发展规划（2017—2025年）》《西藏自治区林业厅小康示范村产业发展实施方案》。大力引进并积极支持市场主体参与林业产业发展，组建西藏国土生态绿化集团有限公司、亿利集团和蒙草集团甘草产业基地。落实国有林场扶贫资金 424 万元，完成雪桃基地建设和苗圃改扩建；设立脱贫攻坚林业生态管护岗位 27.69 万个，落实林业生态补偿脱贫资金 8.31 亿元。争取国家林业局林业扶贫资金 6500 万元，较去年增加 2500 万元。整合资金 8.35 亿元用于支持其他部门脱贫攻坚工作。制定了《支持西藏自治区深度贫困地区脱贫攻坚生态补偿脱贫实施方案》，出台了《西藏自治区生态搬迁试点方案》，完成了高海拔地区脱贫攻坚生态搬迁 150 户，完成了15.42 万高海拔地区贫困人口精准识别工作。

（资料来源：西藏自治区林业厅网站）

（13）陕西省

2016 年 7 月，陕西省委、省政府印发了《陕西省国有林场改革实施方案》（以下简称《方案》），要求各地结合实际认真贯彻执行，标志着陕西省国有林场改革正式启动实施。

《方案》提出了围绕保护生态、保障职工生活两大目标，按照分类推进改革的要求，推动政事分开、事企分开，实现管护方式创新和监管体制创新，从根本上理顺国有林场管理体制和经营机制，建立权责属性清晰、管理体制顺畅、经营机制灵活、政策保障有力、考核监管到位的国有林场发展体系，增强陕西省林业发展活力。

《方案》明确了国有林场保护培育森林资源、维护生态安全的功能定位，提出到 2017 年 12 月月底前，完成国有林场性质明确到位、编制核定到位、资金落实到位、社会保障到位、债务化解到位"五到位"的改革任务，实现国有林场生态功能显著提升、生产生活条件明显改善、管理体制全面创新的总体目标。

截至 2018 年 5 月，陕西省已全面落实国有林场公益属性。全省公益一类事业单位的国有林场，由改革前的 70 个增加到 236 个。省属 6 个国有林业局和宝鸡市 2 个国有林业局，由同级政府按照公益事业单位标准，采取购买服务形式实现森林资源管护，"因养林而养人"的改革精神得到充分落实。同时，改革中科学开展分类指导。对只有 3 个国有林场的韩城市，要求定性定编落实到场，明确将 3 个国有林场统一定性为公益一类事业单位，正科级编制。对林场数量最多的延安市，要求新设市级国有林场管理机构，优化了国有林场管理层级。对煤炭系统下辖 10 个国有林场进行整合，批准设立陕煤化生态林场总场，并纳入国有林场管理序列，全省经营面积增加了 36 万亩。

全面提升国有林场管理效率。针对部分地区国有林场零散分布、面积过小的问题，陕西省积极开展国有林场撤并整合。目前已撤并整合宝鸡市 1 处、商洛市 5 处和安康市 2 处国有林场。同时，还计划将省属 24 个国有林场整合为 6 个，延安市市属 30 个国有林场整合为 4 个。

改造林区管护站，服务精品旅游。陕西省启动省重点林区管护站"十线百站"提升改造工程，意在提升国有林场管护站基础设施建设，同时化解管护与旅游的矛盾。省级预算内基本建设投资 2 亿元，省级财政投资 0.4 亿元，市（县）和林场自筹 1 亿元，在全省重点国有林区，筛选 10 条精品旅游线路，提升改造沿线 100 个国有林场管护站，在强化森林资源管护的同时，既为森林旅游者提供休憩、补给、养生等多项功能的生态体验，也为国有林场发展相关产业开拓新途径。目前，项目已安排省级预算内投资 3000 万元，18 个标准化管护站进入实质建设阶段，6 个标准化管护站建设接近完工，12 个标准化管护站近期将开工建设。

（资料来源：陕西省林业厅网站）

（14）甘肃省

2016 年 11 月，甘肃省委、省政府印发了《甘肃省国有林场改革实施方案》（以下简称《方案》）。《方案》指出，2016 年年底全省国有林场由 304 个整合到 260 个，到 2020 年国有林场森林面积增加 600 万亩，森林蓄积增长 0.2 亿立方米。

理顺管理体制。完善省、市州、县市区三级国有林场管理机构，加强国有林场的管理和业务指导。优化组织机构，省属白龙江林业管理局、小陇山林业实验局实行局、场二级管理，适度整合林场数量；市州、县市区所属的经营面积在 5 万亩以下、森林资源分布零散的国有林场就近合并，合并后的国有林场机构设置由林业主管部门报同级编制部门按规定审批。全面剥离国有林场办社会职能，对国有林场所办的学校、医疗机构以及人员全部移交属地管理。

甘肃省按照"内部消化为主，多渠道解决就业"和"以人为本，确保稳定"的原则，妥善安置国有林场富余人员，不采取强制性买断，不搞一次性下岗分流，确保职工基本生活有保障。在职工自主自愿的前提下，甘肃省主要通过以下途径进行安置：一是由林场提供多种经营岗位逐步过渡到退休；二是以购买服务方式从事森林管护抚育。

完善保障体系。改革后按国有林场相应类别及标准，实现职工"五险一金"全覆盖，以前年度欠缴的各项保险应一次性给予补缴，所欠缴的资金首先由中央财政安排的国有林场改革补助资金予以解决，不足部分按现行渠道解决。将全部富余职工按照规定纳入城镇职工社会保障范畴，确保职工退休后生活有保障。符合低保条件的林场职工及其家庭成员纳入当地居民最低生活保障范围，切实做到应保尽保。

庆阳市国有林场是甘肃省的改革样板。为盘活国有林场发展活力，庆阳市每年自筹资金完成造林 100 万亩，同时确立了以苗木培育、森林旅游为主的产业发展思路。2011—2014 年，庆阳市年均造林面积是改革前的 4 倍，有林地面积增加 19.48 万亩，森林覆盖率增长 2.49 个百分点。全市共完成苗林结合培育工程 207.17 万亩，先后建立国家森林公园 2 处、省级森林公园 7 处，经营总面积 91.8 万亩，年接待游客 28.7 万人次，旅游收入 231.4 万元。全市将依托各类生态工程建设，通过大力造林、科学营林、严格保护等多措并举，进一步优化树种结构，改变林分结构，增强生态功能，计划到 2020 年，国有林场将再增林地面积 108 万亩。同时，继续将种苗花卉业和森林旅游业作为国有林场经济发展的主导产业，实现苗木生产专业化、规模化和产业化，打造庆阳苗木品牌；加快编制甘肃子午岭国家级森林公园总体规划，全力打造"绿（森林）、黄（黄土丘陵）、红（红色革命文化）、蓝（湿地）"四大景观，形成子午岭森林生态旅游圈。庆阳市国有林场将积极探索实施机制创新工程，加强基础设施建设，改善职工生产生活条件。同时，加强森林资源保护力度，全面激发国有林场生态主力军活力，提高生态保障能力，构筑西北生态屏障。

（资料来源：甘肃省林业厅网站）

（四）案例总结

党的十八大以来，我国林业改革取得历史性突破，国有林区林场发展活力明显增强，集体林业良性发展机制初步形成，国家公园体制试点有序推进，改革已成为推动林业现代化建设的强大动力。

2015 年，党中央、国务院出台了《国有林场改革方案》《国有林区改革指导意见》，国有林区林场生态保护职责全面强化，95% 以上的国有林场定性为公益性事业单位。全国各省（自治区、直辖市）国有林场改革实施方案全部通过国家国有林场改革工作小组的审批，国有林场改革进入全面展开的新阶段。

2016 年以来，国有林场全面停止了天然林商业性采伐，每年减少天然林采伐量 556 万立方米，全面推动了国有林场发展模式以木材生产为主转变为以生态修复和建设为主、以利用森林获取经济利益为主转变为以保护森林提供生态服务为主。改革以来，国有林区林场多渠道安置富余职工 14 万多人，完成棚户区改造 174 万户，惠及 500 万人，林区生产生活条件不断改善，职工收入水平明显提高。

在国家批准各省区市国有林场改革实施方案后，各地从自身的省情、林情、场情出发，普遍加大了党委和政府的领导，省级林业主管部门发挥了参谋和牵头的作用，在工作思路、工作方法、政策协调等方面积极探索创新，形成了值得借鉴和参考的宝贵经验。

从各省的实践来看，目前各地按照中央6号文件精神和国家林业局的工作部署，已基本完成了贴合各地实际的改革方案的制定工作并得到了批复，一些省区还基本完成了主体改革任务。在现有的改革实践过程中，各地在理顺管理体制、完善改革配套政策、多元发展特色林产业、积极发展森林旅游业、妥善安置人员、完善保障体系、引入市场化机制和进行服务购买试点方面改革成效逐步显现，积累了宝贵的实践经验。

参考文献

[1] 陈建成等. 推进绿色发展实现全面小康——习近平两山理论研究与实践 [M]. 北京: 中国林业出版社, 2018.

[2] 成丽. 山西集体公益林托管模式创新性探索研究 [J]. 绿色科技, 2018 (3): 121-122.

[3] 高幸, 吴铁雄, 张昕祎. 浅析我国森林地租制度 [J]. 辽宁林业科技, 2010 (2): 46-49.

[4] 国家林业局场圃总站公有林管理培训团. 发展国有林场应当成为建设生态文明的重大国家战略——美国公有林管理对我国国有林场改革发展的启示 [J]. 林业经济, 2013 (7): 6~10.

[5] 国家林业局. 2013 中国国有林场年度发展报告 [M]. 北京: 中国林业出版社, 2015.

[6] 国家林业局《国家林业局 2016 年工作要点》的通知 [EB/OL]. http: //www. forestry. gov. cn/ main/195/content - 843140. html

[7] 蒋琪, 王静. 国有林场和林区改革 [N]. 人民网, 2015 - 03 - 19.

[8] 姜清山. 国有林场经济管理制度初探 [J]. 城市建设理论研究, 2012 (18): 31~35.

[9] 江耀. 江山市率先推行公益林护林社会化管理新模式 [J]. 浙江林业, 2018 (2): 27.

[10] 江泽慧, 盛炜彤. 中国可持续发展林业战略研究 [J]. 林业经济, 2003 (11): 6-8.

[11] 康月兰. 河北省林业人力资源现状与开发对策研究 [J]. 河北林业科技, 2007 (1): 40-42.

[12] 廖家怀. 广西国有林场发展与改革问题研究 [D]. 中南林业科技大学, 2015.

[13] 李安, 萧鸣政. 战略人力资源管理及其职能 [J]. 宏观经济研究, 2004 (2): 27-29.

[14] 李葆珍. 西部地区林业人力资源整体开发课题研究简介 [J]. 国家林业局管理干部学院学报, 2005, 4 (3): 7-12.

[15] 刘代汉. 广西国有林场可持续经营模式研究 [D]. 北京林业大学, 2006.

[16] 刘代汉, 郑小贤, 张力, 等. 国有林场人力资本管理机制设计原则 [J]. 林业经济, 2005 (24): 50-51.

[17] 李国强. 浅谈国有森林资源资产的有偿使用 [J]. 林业资源管理, 1998 (1): 41-43.

[18] 李皓. 对我国森林地租制度的初步探讨 [D]. 北京林业大学, 2003.

[19] 李红勋, 孙勋, 董其英. 基于美国林务官制度对优化我国森林资源管理方式的思考 [J]. 世界林业研究, 2010, 23 (6): 66-69.

[20] 刘佳. 典型国有林场森林资源管理绩效评价研究——以将乐国有林场为例 [D]. 西南林业大学, 2014.

[21] 刘俊昌, 杨连清, 管长岭, 等. 中国国有林场森林资源管理研究 [M]. 北京: 中国林业出版社, 2013.

[22] 刘继东. 南华森林抚育的技术与措施 [J]. 绿色科技, 2017 (1): 140-141.

[23] 李茗. 国有林场森林资源经营模式改革的思考 [J]. 中国林

业经济，2013（6）：30 – 31.

［24］李秋明．广东省林业人力资源的现状与开发对策研究［J］．林业与环境科学，2005，21（3）：87 – 90.

［25］刘斯斯．求索政府购买公益服务［J］．中国投资，2010（9）：106 – 109.

［26］梁星权．森林资源有偿使用的探讨［J］．中国林业，1996（1）：27 – 28.

［27］李烨．多重功能需求约束下国有林场森林资源经营管理模式研究［D］．北京林业大学，2015.

［28］刘亚文．上海市政府购买国有林场公益服务的调研报告［J］．林业经济，2015（3）：7 – 8 +45.

［29］苗国新，曾小莉．政府购买国有林场公益服务机制探索［J］．林业经济，2015，（3）：35 – 40.

［30］孟庆国，王丽．阜新国有林场森林资源管理体制改革的思考［J］．内蒙古林业调查设计，2010，33（6）：57 – 58.

［31］买天．2008 年稻谷最低收购价及农资综合直补标准将提高［J］．农村实用技术，2008（1）：34 – 34.

［32］牛梓璇．"互联网 + 林业科技管护"阶段性成果刍议［J］．山西科技，2017（5）：101 – 103.

［33］潘昌平．试论林地有偿使用［J］．林业经济问题，1999（6）：37 – 39 +63.

［34］彭道黎．国有林地有偿使用问题探讨［J］．华东森林经理，1995（3）：37 – 42.

［35］彭福坦，吴自华，陈富强．公益型林业科技事业单位人力资源开发初探［J］．中国林业经济，2004（2）：21 – 22.

［36］亓越，马宁，陈建成．国有林场森林资源有偿使用机制研究［J］．林业经济，2018，40（2）：14 – 18.

[37] 曲岩, 杨澜. 森林资源管护经营责任制的实施方略和支撑条件 [J]. 林业勘察设计, 2006 (1): 6-7.

[38] 沈小萍. 宣城市宣州区林长制的做法及成效 [J]. 现代农业科技, 2018 (11): 152+155.

[39] 沈晓旭. 基于政府职能社会化的林长制建设探讨 [J]. 现代农业科技, 2017 (15): 148-149.

[40] 沈艳茹. 国有林场改革与创新之路 [J]. 中国高新区, 2017 (8): 136.

[41] 汪国连. 我国国有林场人力资源开发研究 [D]. 北京林业大学, 2009.

[42] 王会滨, 沈兴春, 刘彦华. 浅谈国有森林资源资产的有偿使用 [J]. 林业勘察设计, 2000 (2): 18-20.

[43] 王浩林. 政府向非营利组织购买公共服务的价格机制研究 [J]. 价格理论与实践, 2012 (10): 41-42.

[44] 王洪敏. 国有林场建立管护购买服务机制研究——以广东省为例 [J]. 行政科学论坛, 2017 (2): 19-21.

[45] 王洪敏. 创新国有林场管理体制机制研究 [J]. 农家科技 (上旬刊), 2017 (7): 169, 103.

[46] 汪涛武, 肖高明. 提高农村人力资源开发效率的思路与对策 [J]. 南昌工程学院学报, 2006, 25 (4): 33-35.

[47] 王永发. 人工造林技术及措施 [J]. 农民致富之友, 2018 (1): 154-154.

[48] 谢德新. 两种常见林地有偿使用方式对森林经营的影响分析 [J]. 中南林业调查规划, 2007 (3): 14-17.

[49] 谢晋宇. 人力资源开发概论 [M]. 北京: 清华大学出版社, 2005.

[50] 萧鸣政. 《人力资源开发的理论与方法》 [J]. 中国人才,

2004（3）：56-56.

　[51] 萧鸣政，谢凌玲，张玉霞，等. 人力资源开发实践中的几个理论问题［J］. 中国人力资源开发，2004（3）：5-8.

　[52] 谢秀杰. 如何加强森林资源经营管理的具体措施［J］. 广东科技，2010（4）：30-31.

　[53] 杨得福. 青海省森林资源有偿使用浅议［J］. 中南林业调查规划，1997（4）：49-51.

　[54] 余国信，蔡良良，余启国，等. 浙江省淳安县生态公益林管护模式分析及相关问题［J］. 浙江农林大学学报，2005，22（2）：151-156.

　[55] 严明，吴平发. 江西省实施林木采伐分区施策分类管理的思考［J］. 林业资源管理，2004，8（4）：19-21.

　[56] 闫平，慕晓炜. 国有林场森林资源监管制度改革研究［J］. 林业经济，2017（10）：40-44.

　[57] 杨枢平，王建春. 浅谈国有林地资源有偿使用［J］. 山西林业，2000（6）：6.

　[58] 殷世雨，胡耀辉，李红伟. 浅析人工造林技术［J］. 现代农村科技，2016（9）：32-32.

　[59] 杨永伟，陆汉文. 服务购买中政社关系研究的范式转换与超越［J］. 求实，2017（1）：68-76.

　[60] 杨跃先，薛有祝，徐济德. 辽、黑两省森林资源有偿使用的尝试［J］. 中国软科学，1996（2）：105-108+93.

　[61] 张德成. 森林抚育共享经济发展构想［J］. 中国国情国力，2018（3）：45-47.

　[62] 曾光荣. 马克思地租理论及其现实意义［D］. 南华大学，2012.

　[63] 中共中央国务院. 国有林场改革方案与国有林区改革指导意

见 [Z]．2015－02－08．

[64] 翟洪波，赵中南，张又水，等．森林资源资产用途管制制度改革研究 [J]．林业资源管理，2014（6）：16－20．

[65] 周海川．国有森林资源资产有偿使用制度探悉 [J]．林业经济问题，2017，37（1）：11－17＋99．

[66] 张海，范斌．政府购买社会组织公共服务方式的影响因素与优化路径 [J]．探索，2013（5）：150－155．

[67] 张建忠．赤峰市国有林场改革研究 [D]．内蒙古大学，2016．

[68] 张鸣．林长制，带来林"长治" [N]．安徽日报，2017－11－30（010）．

[69] 张平．林改后生态公益林保护和管理存在的问题与对策 [J]．绿色科技，2018（3）：131－133．

[70] 郑小贤．森林生态效益补偿与森林地租 [J]．林业资源管理，2002（2）：53－54＋58．

[71] 张颖．林地有偿使用的理论依据的探讨 [J]．林业经济问题，1999（6）：15－19．

[72] 郑逸芳．林业企业人力资源管理问题与对策 [J]．中国林业教育，2001（6）：45－47．

[73] 郑晓英．规范森林资源有偿流转加速林业事业的发展——对森林资源有偿流转的调查与思考 [J]．林业财务与会计，2001（6）：16－17．

[74] Swanson R A. Human resource development research handbook：linking research and practice /Richard A. Swanson, Elwood F. Holton III, editors [J]．1997．